JN117021

日本一チームのつくり方

なぜ、**大阪桐蔭**は
創部4年で全国制覇が
できたのか？

森岡正晃
初代大阪桐蔭高校野球部部長

あさ出版

プロローグ

ゼロから掴み取った創部4年での日本一

2023年8月23日、私は阪神甲子園球場のバックネット裏で第105回全国高等学校野球選手権記念大会の決勝を観戦していました。

仙台育英の史上7校目の連覇なるか、慶應義塾が107年ぶりに王座に就くのか。前売りチケットはすべて完売。スポーツニュースの枠を超えて、情報番組などでも取り上げられた注目の一戦は、序盤から主導権を握った慶應義塾が8対2で快勝し、全国約3500校の頂点に立ちました。

甲子園球場に足を運ぶたびに思い出すのは、およそ30年前のあの夏のことです。

1991年に開催された第73回全国高等学校野球選手権大会で、私は大阪桐蔭硬式野球部の部長として、ベンチに入っていました。まだ29歳の若造です。

今でこそ、有友茂史部長、西谷浩一監督のもと、全国で知らない人はいないほどの〝超強豪〟として名を馳せている大阪桐蔭ですが、当時は創部4年目で同年春のセンバツが初めての甲子園でした。

私は創部1年目から野球部の強化に携わり、有望中学生のリクルートを始めたその彼らが、1991年に甲子園で活躍する主力選手たちでした。まだ若かったこともあり、部長というよりは、兄のような気持ちで彼らと日々接していました。

センバツでは準々決勝で松商学園に0対3で敗れ、その後の春の大阪大会では準々決勝で上宮に1対2で敗戦。これを機に、「おれらはこのままでええのか?」と選手たちが本気で話し合うようになり、チームが一つにまとまり始めました。

夏は激戦の大阪大会を初制覇すると、勢いそのままに臨んだ甲子園では、樹徳、秋田、帝京、星稜、沖縄水産と、難敵を連破し、「創部4年で全国制覇」という快挙を成し遂げました。
高校野球好きの人にとっては、「井上大のフェンスによじ登ってのスーパーキャッチ」「背尾伊洋《せおよしひろ》、和田友貴彦の二枚看板」「澤村通のサイクルヒット」「主砲・萩原誠の強打」「県勢初優勝を狙った沖縄水産との壮絶な打撃戦」といったフレーズから、激戦の記憶が甦ってくる方も多いのではないでしょうか。

当時、監督を務めていたのは、私より12歳年上の長沢和雄さんでした。私自身は「部長」の肩書きでベンチに入っていましたが、実質は「ヘッドコーチ」に近い立場で、精神面から技術面の指導まで担当していました。気持ちが落ち込んでいる選手には寮の風呂に一緒に入って悩みを聞いたり、夜に連れ出して外食をしたり、心の面のサポートにも時間を注いでいました。
1期生から関わっていたこともあり、長沢さんとともに、「ゼロからつくり上げたチーム」と言っても過言ではないと自負しています。

本書は、こうした大阪桐蔭時代のチームづくりを中心にしながら、『日本一チームのつくり方』と題し、強い組織を築くために大切なことをまとめた書籍になります。
リーダー論、組織論、人材育成、環境づくりを主テーマに置き、高校野球だけでなく、教育やビジネスの世界にもつながる話をご紹介できればと考えています。

覚悟を決めてPL学園に入学

本章に入る前に、私、森岡正晃（もりおか・まさあき）について自己紹介をさせてください。読者の多くは高校野球に興味を持っていると思いますが、私の経歴を深く知っている人はほとんどいないはずです。少し長くなりますが、お付き合いください。

私は1962年生まれで、2022年の10月2日に還暦を迎えました。

野球との出会いは小学1年生のときです。大の阪神ファンだった親父に、「ええもん食わせてやる」と、梅田の阪神百貨店に連れていかれました。親父の目当ては百貨店で開かれる江夏豊さん（元阪神、広島など）のサイン会です。

私は何も知らずにエレベーターを待っていたら、すぐ近くに大きな体をしたオーラ全開の大人が現れ、一気にピリッとした空気に変わりました。親父から「江夏や！握手してもらえ！」と言われて、がっちりと手を握ってもらったことが、野球を始めるきっかけになりました。その日のうちにソフトボールとユニホームを買ってもらった記憶があります。

私のポジションは、主にピッチャー。中学は地元の大阪市立大宮中の軟式野球部に入部。高校進学を考え始めたとき、真っ先に頭に浮かんだのが当時の私学7強（興國、明星、ＰＬ学園、浪商、北陽、近大付、大鉄）の一角を占めていたＰＬ学園です。私が中学2年生のとき、夏の甲子園で準優勝を果たしています。

じつは、小学6年生のときにＰＬ学園中への進学を考えていたのですが、寮生活になることも含め、そこまでの覚悟を持てなかった経緯があります。

なぜ、ＰＬ学園に惹かれたかというと、鶴岡泰さん（のちに山本泰）が監督をされていたことと、野球に打ち込める素晴らしい環境を持っていたからです。

鶴岡さんは、南海ホークスの監督としてプロ野球最多の通算1773勝を挙げた鶴岡一人さんの長男にあたります。法政二、法政大で、「ドジャース戦法」で野球を学んだ名将・田丸仁さんの教えを受けたこともあり、田丸さんの愛弟子でした。

グラウンドは、内野が黒土で外野が天然芝。さらに、雨天練習場があり、バックスクリーンの後ろには寮が隣接されていて、野球に没頭するにはこれ以上ない環境でした。

中学3年時、緊張しながらPL学園の練習を見学に行った際、鶴岡さんに声をかけてもらいました。

「3年間、補欠でも球拾いでも文句は言わんか？」

「言いません」

「ほんま、グラウンド整備だけで終わるかもしれんぞ」

「構いません」

メンバーに入れなくても、鶴岡さんが率いるPL学園で野球をやりたい。

この決断が、私の野球人生を大きく切り拓いていくことになりました。

「ＰＬ学園のキャプテン」という重荷

高校入学後、１日１日を必死に生き抜いていく中、２学年上の木戸克彦さん（現阪神タイガース球団本部。元阪神）、西田真二さん（現セガサミー硬式野球部監督。元広島）らの代が夏の甲子園で初優勝を果たしました。準決勝の中京戦で９回裏に４点差を追いつき、延長12回の末に勝利。さらに決勝の高知商戦では、９回裏に逆転サヨナラ勝ちを収め、「逆転のＰＬ」と呼ばれたチームです。１年生の私は、スタンドで先輩たちの雄姿に目を奪われていました。今でもよく覚えているのが、激闘の後の閉会式で、主将の木戸さんが涙を流しながら、深紅の大優勝旗を手にする姿です。

私は寮で木戸さんと同部屋だったため、のちに涙の意味を教えてもらうことができました。

「優勝旗を持てるのはたった一人。この重みと涙は、キャプテンを経験したからこそわかるもんなんや」

そのとき、「おれもＰＬでキャプテンになる」と決意しました。日本一になって、木戸さんと同じ気持ちを味わいたかったからです。

実際に、2年生の新チームからキャプテンを務めることになるのですが、秋は大阪大会ベスト4で敗れ、センバツ出場を逃しました。チームを勝利に導けなかった責任で、鶴岡さんからの指示により、キャプテンを一時的にクビになった時期もあります。情けない話です。

夏は、大阪大会の準々決勝で近大付に0対1で敗戦。私は投手兼外野手でしたが、一度も甲子園の土を踏むことはできませんでした。

1つ上には小早川毅彦さん（現プロ野球解説者。元広島、ヤクルト）、1学年下に吉村禎章（現巨人編成本部長スカウト担当。元巨人）らがいて、「谷間の世代」と呼ばれていた学年です。その自覚もあったので、甲子園で勝つことでPL学園の強さを証明したかったのですが、うまくはいきませんでした。

3年夏に負けたときは悔しさと同時に、「〝PLのキャプテン〟という重責と重荷から解放される……」とホッとした気持ちも生まれてきました。それだけ、勝たなければいけない重圧がのしかかっていたのです。それでも、「PLの3年間があったから、その後の自分がいるのは間違いない」と言い切ることができます。そんな高校時代のさまざまなエピソードも、本書では詳しくご紹介します。

大学は、東京への憧れもありましたが、地元の近畿大へ。しかし、守備重視のPL学園の野球と、攻撃重視の近大の野球に大きなギャップを感じるとともに、高校時代から気になっていた腰痛が悪化し、野球への気持ちが薄れかけていました。

大学に入るときは、偉大な先輩たちと同じように、「プロ野球選手になりたい」と思っていましたが、現実的には難しい。一方で、夏の甲子園をテレビで見ているときに流れてくる大会歌『栄冠は君に輝く』を聴いて、自然と涙がこぼれる自分がいました。

PL学園を追い抜き日本一のチームをつくる

この涙は何なのか――。

一言で表現すれば、「甲子園でプレーできなかった悔しさ」です。

吉村ら後輩が甲子園に出たときには、素直に喜べない感情もありました。モヤモヤした気持ちを抱きながら、大学2年生に上がるときに、恩師である鶴岡さんのもとへ現状報告に伺うと、予期せぬ話をいただきました。

「お前は何してんねん？　うちでコーチをやれや。教職を取れ」

当時、鶴岡さんはPL学園を退職して、大阪産業大附属高校の監督をされていました。そこでコーチをしろ、ということです。一般的に、教職課程は2年生からの3年間で履修するのですが、2年生からの登録は締め切っていたため、3年生と4年生で必要な単位を取得する必要がありました。現実的には、かなり難しい。恩師の前でしたが、思わず本音を漏らしてしまいました。

「先生、3年生からでは取れません」

「取れないかどうかなんか、やってみなければわからへんやないか！」

こうして、平日は授業に通い、土日や長期休みのときには鶴岡さんのもとでコーチをする生活が始まりました。あとで知ったことですが、近大の松田博明監督に直接連絡を入れて、「森岡の面倒はこちらで見るから」と力添えをしてくれていたそうです。

ここから、私の指導者人生が始まりました。

選手として届かなかった甲子園に、指導者として出場したい。無事に教職課程の履修を終えて、社会科の免許を取得。卒業後、1985年から大阪産業大附属高校の大東校舎で教員として採用されることになりました。

大東校舎は大産大高の分校にあたり、1983年にできたばかりの新しい学校です。野球部に関しては、本校と分校がくっつく形で、一つのチームとして活動していました。

「PL学園に追いつき、いつかは追い抜き、日本一のチームをつくる」

それが、鶴岡さんとともに掲げた大きな目標でした。

恩師からは、技術指導から寮の部屋割り、中学生の見方まで、ときに厳しく、ときに優しく、コーチとしての心得を教わりました。

しかし、先のことは誰にもわからないものです。教員になって4年目に、大東校舎を独立させて、新しい高校を立ち上げることが決まりました。そこで新設されたのが大阪桐蔭です。

基本的に、大東校舎の野球部員が大阪桐蔭にそのまま移りました。そのとき3年生だったのが、今中慎二（現プロ野球解説者。元中日）です。

私は、森山信一校長（当時）から「大阪桐蔭の野球部を強くしてほしい」という命を受けて、部長として関わることになりました。鶴岡さんはそのまま大産大高の監督を続けるため、恩師と別れることになります。

複雑な気持ちもあった一方で、ゼロからチームを立ち上げることで、「ＰＬの考えや、鶴岡さんの野球をベースにしながら、新しい野球部をつくれるのではないか。ＰＬよりも大きいチームをつくりたい」というワクワクした感情があったのも事実です。

こうして、大阪桐蔭が新設されたのが１９８８年で、創部４年目の１９９１年に夏の甲子園で全国制覇を成し遂げることになります。

何だか、マンガのような驚きのストーリーですが、私自身は創部当初から「日本一のチームをつくる」と本気で考えていました。だからこそ、リクルートでもＳランクの中学生に積極的に声をかけに行きました。第1章では、このあたりのお話をたっぷりとご紹介します。

ラグビー部のコーチとして花園出場

頂点を獲ったあとは、「常勝軍団」を築きあげたかったのですが、諸事情で優勝した年の秋には野球部を離れ、ラグビー部に移ることになりました。

じつは、学校から「ラグビー部に移りなさい」と言われたとき、「大好きな野球から離れるなら、もう学校を辞めよう」と考えていました。

でも、ＰＬ学園のひとつ先輩である渡辺勝男さんに相談したところ、「高校生の指導に関わるのは一緒ちゃうん？　やっているスポーツが違うだけやろう。野球部と同じように、夢を見ているラグビー部の子どもらに、協力できへんのか？」と言われて、「たしかにそうやな」と思ったのです。

私は、野球が好きなのはもちろんですが、目標に向かって努力を続けている生徒のことも大好きです。

日本一を果たした翌年から、ラグビー部のスタッフに入り、トレーニングコーチとして関わることになりました。他校がほとんど取り入れていなかったウエイトトレーニングやストレッチに時間をかけて、子どもたちの体をイチからつくり上げました。

その結果、1995年に花園初出場を遂げると、その後はコンスタントに大阪大会を勝ち抜き、日本一を狙えるチームに育っていきます。ここでも、ゼロ（に等しい）からチームをつくる醍醐味や楽しさを味わうことができました。

大阪桐蔭には2007年3月まで教員としてお世話になり、平田良介（現プロ野球解説者。元中日）や辻内崇伸（元巨人）ら野球部員の担任をすることもありました。

2007年4月からは、履正社国際医療スポーツ専門学校に移り、野球部の監督兼GMに就任し、高校を卒業した若者へ、社会で活躍するための心得を教えていました。2018年に退職し、現在は小学生や中学生に野球の楽しさを教えるなど、全国を飛び回っています。

結果的には、PL学園、大阪桐蔭、履正社と、高校野球の時代を築いてきた3つの学校にお世話になったことになります。こんな人間は、全国を探してもそうはいないでしょう。野球のおかげで、さまざまな人との縁が生まれ、本当に幸せな人生を送ることができています。

ＰＬ学園で活躍できなかった私が、なぜこの年齢まで野球に関わることができているのか。それは、甲子園に出られなかった悔しさ、プロ野球選手になれなかった悔しさが、大きな原動力になっているのは間違いありません。

ＰＬ学園に入る選手の多くは、甲子園に出ること、プロで活躍することが当たり前だと思っていました。私もそのひとりです。

それが実現できなかったとき、実際には大学生になってから思い始めたことですが、「野球をしっかりと教えられる指導者になりたい」という考えを持つようになりました。鶴岡さんのおかげで、そのチャンスを得ることができたので、今日に至るまで必死になって日々を生きています。

本書で私が学んできた考えや気づきをお伝えすることによって、一人でも多くの方の人生がより豊かで明るいものになれば、これ以上嬉しいことはありません。自己紹介が少々長くなりましたが、ぜひ最後までお付き合いください。

大阪桐蔭高校 主な公式戦の戦績 [1988-1991年]

1991年
第63回 選抜高校野球大会

1回戦	○	10-0	仙台育英
2回戦	○	6-4	箕島
準々決勝	●	0-3	松商学園

▶ 初出場ベスト8

1991年
春季近畿地区高校野球大会 【大阪府大会】

1回戦	○	10-0	美原
2回戦	○	22-0	箕面東
3回戦	○	13-3	近大付
4回戦	○	18-0	科学技術
5回戦	○	10-0	履正社
準々決勝	●	1-2	上宮

▶ ベスト8で敗退

1991年
第73回 全国高校野球選手権大阪大会

1回戦	○	8-1	磯島
2回戦	○	7-1	門真西
3回戦	○	9-6	北陽
4回戦	○	12-2	羽曳野
5回戦	○	2-0	三国丘
準々決勝	○	8-1	大商学園
準決勝	○	6-1	渋谷
決勝	○	8-4	近大付

▶ 夏の地方大会初優勝

1991年
第73回 全国高校野球選手権大会

2回戦	○	11-3	樹徳
3回戦	○	4-3	秋田
準々決勝	○	11-2	帝京
準決勝	○	7-1	星稜
決勝	○	13-8	沖縄水産

▶ 初出場初優勝

1988年
第70回 全国高校野球選手権大阪大会

2回戦	●	1-2	茨木

▶ 初戦敗退

1989年
第71回 全国高校野球選手権大阪大会

1回戦	○	7-0	西成
2回戦	○	8-4	城東工
3回戦	○	14-0	追手門学院
4回戦	○	14-1	淀川工
5回戦	●	2-3	四條畷

▶ 5回戦敗退

1990年
第72回 全国高校野球選手権大阪大会

1回戦	○	2-1	東豊中
2回戦	○	2-1	明星
3回戦	○	5-0	貝塚南
4回戦	○	5-4	泉州
5回戦	●	0-5	北陽

▶ 5回戦敗退

1990年
秋季近畿地区高校野球大会 【大阪府大会】

2回戦	○	1-0	藤井寺工
3回戦	○	11-1	富田林
4回戦	○	8-0	北野
5回戦	○	12-2	関大一
準々決勝	○	9-7	大商学園
準決勝	○	6-5	浪速
決勝	○	6-5	近大付

【近畿大会】

準々決勝	○	7-0	報徳学園
準決勝	●	0-1	天理

▶ 近畿ベスト4

第63回 選抜高校野球大会
(1991年3月26日～4月5日)

▶ 1回戦 3/28 第3試合

学校名	1	2	3	4	5	6	7	8	9	計
大阪桐蔭	3	0	1	6	0	0	0	0	0	10
仙台育英	0	0	0	0	0	0	0	0	0	0

投 **大阪桐蔭**:和田　**仙台育英**:高橋→佐々木
本 **大阪桐蔭**:萩原

▶ 2回戦 4/1 第2試合

学校名	1	2	3	4	5	6	7	8	9	計
箕　島	1	0	1	0	2	0	0	0	0	4
大阪桐蔭	1	0	0	0	1	0	0	4	X	6

投 **箕島**:山路　**大阪桐蔭**:背尾→和田
本 **箕島**:林考2

▶ 準々決勝 4/3 第2試合

学校名	1	2	3	4	5	6	7	8	9	計
松商学園	0	1	1	0	0	0	0	1	0	3
大阪桐蔭	0	0	0	0	0	0	0	0	0	0

投 **松商学園**:上田　**大阪桐蔭**:和田→背尾

第73回 全国高校野球選手権大会閉会式
初出場初優勝を成し遂げ、深紅の優勝旗を手にした大阪桐蔭の玉山雅一主将
提供/朝日新聞社

第73回 全国高校野球選手権大会
(1991年8月8日〜8月21日)

▶ 2回戦 8/14 第1試合

学校名	1	2	3	4	5	6	7	8	9	計
樹　徳	1	0	0	0	0	1	0	0	1	3
大阪桐蔭	2	0	2	3	2	1	1	0	X	11

投 **樹徳**:戸部→橋爪→森田　**大阪桐蔭**:和田→野崎→背尾
本 **大阪桐蔭**:萩原、元谷哲

▶ 3回戦 8/17 第3試合

学校名	1	2	3	4	5	6	7	8	9	10	11	計
大阪桐蔭	0	0	0	0	0	0	1	0	2	0	1	4
秋　田	3	0	0	0	0	0	0	0	0	0	0	3

投 **大阪桐蔭**:背尾→和田　**秋田**:菅原朗
本 **大阪桐蔭**:澤村　**秋田**:菅原勇

▶ 準々決勝 8/19 第4試合

学校名	1	2	3	4	5	6	7	8	9	計
帝　京	0	2	0	0	0	0	0	0	0	2
大阪桐蔭	3	0	0	0	0	0	2	6	X	11

投 **帝京**:豊田→三沢→豊田→三沢→豊田　**大阪桐蔭**:和田
本 **大阪桐蔭**:井上

▶ 準決勝 8/20 第2試合

学校名	1	2	3	4	5	6	7	8	9	計
星　稜	1	0	0	0	0	0	0	0	0	1
大阪桐蔭	0	2	0	0	3	0	2	0	X	7

投 **星稜**:山口　**大阪桐蔭**:背尾
本 **大阪桐蔭**:萩原

▶ 決勝 8/21

学校名	1	2	3	4	5	6	7	8	9	計
沖縄水産	0	1	5	1	0	0	1	0	0	8
大阪桐蔭	2	0	2	0	6	2	0	1	X	13

投 **沖縄水産**:大野　**大阪桐蔭**:和田→背尾
本 **大阪桐蔭**:萩原

日本一チームのつくり方
なぜ、大阪桐蔭は創部4年で全国制覇ができたのか？

［もくじ］

第1章
日本一チームをつくるなら「ゼロから」が一番の近道

第2章

強いチームをつくるリーダーの心得

第3章

個を伸ばしチーム力を上げる人材育成のルール

第4章

日本一チームへと進化するために必要なこと

［構成］大利 実／洗川俊一
［ブックデザイン］松坂 健（ＴｗｏＴｈｒｅｅ）
［ＤＴＰ］ＴｗｏＴｈｒｅｅ

※本書記載の情報は断りのない限り２０２３年12月時点の情報をもとにしております。

第1章

日本一チームをつくるなら「ゼロから」が一番の近道

01

強くなるかどうかは、リーダーの本気度で決まる

日本一のチームをつくる

創部4年目で日本一を果たした大阪桐蔭のチームづくりは、主力となるメンバーが中学生のときから始まりました。私が部長に就くことが決まったのは、彼らが中学3年生のときです。

そのときにはすでに、私は大きな目標を掲げていました。

「PLよりも大きいチーム、日本一のチームをつくる」

組織のトップにいる人間が、「絶対に日本一のチームをつくる」と心の底から思わなければ、日本一のチームなど夢物語で終わります。新設校であろうと、まだ実績のない人間であろうと、関係ありません。

高い志を持ち、どれだけ本気で取り組むか。

それによって、チームの成長度合いは間違いなく変わってきます。「リーダーの器以上のチームはできない」と言われますが、トップがどんな未来を描くかによって、チームの未来も変わってくるのです。

「大阪大会優勝」と「甲子園を制して日本一」では、目指すべき山の頂上がまったく違います。

３０００メートルを超える富士山に登るのか、１０００メートル以下の山に登るのか。目指す山の標高が違えば、必要な体力や準備する装備が違ってきます。同様に、大阪大会優勝と全国制覇では、チームに求める野球のレベルが変わってきます。

部長に就いたときの私は、まだ26歳でした。指導者としての実績は、ゼロに等しいと言っていいでしょう。それでも、高い志を持てたのは、ＰＬ学園の野球を間近に見ていたからに他なりません。

２つ上の先輩たちは実際に日本一を果たし、「これだけのことをやっているから、日本一になれるんや」と、頂点を掴むまでの道筋をその目で見ることができました。ＰＬ学園での学びがなければ、部長に就いてすぐに〝日本一〟を目標に掲げることはできなかったと言い切れます。

PL学園の本番は甲子園

では、PL学園の強さの理由はどこにあったのでしょうか——。

技術的に優れた選手が集まっていることは間違いありません。しかし、能力だけで勝てるほど甘くはないのが、高校野球の難しいところです。

私がPL学園に入学してもっとも驚いたことが、2つ上のキャプテン・木戸さんの言葉です。最後の夏、大阪大会の抽選が終わったあとに、チームの前でこんな話をされました。

「今から練習試合が始まる。おれらの本番は甲子園や」

正直、それを聞いたときは、「この先輩、何言うてるねん……」と言葉を失いました。

でも、それが当時のPL学園の強さだったのです。練習試合のような感覚で大阪大会を勝ち抜かなければ、日本一は見えてこない。甲子園に出るのは当たり前。木戸さんの言葉に度肝を抜かれました。

そして、監督の鶴岡さんや先輩から常に言われていたのが、「ＰＬのユニホームを見たら、『もう勝てない……』と相手に思わせるぐらいまで得点を取り、相手には1点もやるな！」。

たとえ練習試合であっても、公式戦で得点差が開いたとしても、手を抜くことなく最後の最後まで全力で戦う。対戦相手からすると、本当にイヤなチームだったと思います。

全国屈指の恵まれた環境

ＰＬ学園は環境にも恵まれていました。

専用球場の内野は、グラウンド整備のスペシャリストである阪神園芸の手によって整備されたふかふかの黒土で、甲子園球場顔負けのコンディションを保っていました。

球場に隣接する形で室内練習場があり、巨人が甲子園球場に遠征に来たときに練習場所として貸し出すこともあったほどです。余談ですが、あの王貞治さんからサインをもらったこともあります。

食事も充実していて、日常的に1日5000～6000キロカロリーの食事を摂ることがノルマになっていました。夕飯は白米、肉、魚、サラダのフルコースが当たり前で、質の高いマグロが獲れたときにはマグロの漬け丼がテーブルに並ぶこともありました。加えて、2カ月に1回はレストランのシェフを招いて、ステーキの食べ放題。先輩は10枚も食べればお腹いっぱいになるので、食べきれない分は1年生に回ってきます。最初は美味しいのですが、12枚、13枚と食べていくとお腹がきつくなり、あとは根性です。ただ、あとになって振り返れば、食事に関して、こんなに恵まれている野球部はそうはありません。

さらに、バッテリー、バッティング、守備、トレーニングと、各部門にコーチが付き、専門的な指導を受けていました。

トレーニングは、年に数回、法政大OBの丸山吉五郎先生が講師で訪れ、走り方から基礎的なトレーニング法までみっちりと教えてくれていました。チームでトレーニング用の冊子をつくり、全員で共有して、ウォーミングアップのメニューを自分たちで決めることもありました。

また、6月の終わりから7月の頭までは「強化練習期間」が設けられ、上級生に対して、毎日のようにOBがノックを打ちまくり、1000本近い球を受けることが伝統になっていました。

この1000本ノックを乗り越えなければ、夏のメンバーに入ることはできません。自力では歩けず、仲間に肩をかつがれて、寮に戻っていく選手が何人もいました。

この練習で求められていたのは、技術の向上だけではなく、きついことから逃げずに自らの力で乗り越えていく精神面を強くすることです。今の時代であれば、「理不尽なこと」「科学的には意味がないのでは?」と思われるかもしれません。ひとつ間違えば、ハラスメントで訴えられるかもしれませんね。

ただ、当時の自分たちからすると、「1000本ノックを乗り越えれば、絶対に強くなれる」という目に見えない自信が生まれていたのはたしかでした。

7月の頭といえば、もう大阪大会を控えた時期になります。当然、1000本ノックを受けていれば、体力的にも精神的にも疲労が溜まるわけですが、その状態でも大阪大会を勝ちきれなければ、日本一は勝ち取れない。

それは、監督の鶴岡さんだけでなく、選手たち自身も思っていたことでした。

このように、能力も意識も高い選手が、充実した環境で野球に没頭していたのが、当時のＰＬ学園です。強くならないわけがありません。そして、ひたすらに強くなるために集中できたのは、ＰＬ学園野球部には、チーム全体に「日本一になる」という文化が根づいていたからです。

ゼロから日本一のチームをつくる場合、残念ながら、そうした文化はありません。だからこそ、強いチームをつくりたいなら、「強いチームをつくる」というリーダーの確固たる信念が欠かせないのです。

チームづくりのポイント

リーダーに高い志のないチームは強くならない！

02

宝となる人材には妥協をするな

強豪校にも怯まず、Sランクの選手を獲りに行く

私立校が甲子園で結果を残すようになると、「あそこはいい選手がいるから勝つのは当たり前。全国から、あれだけの選手を集めているんだから当然」と、揶揄《やゆ》するような言葉を耳にすることがあります。

ですが、私立校に身を置いていた私からすると、じっと黙っているだけで、有望な中学生が入学してくるわけではありません。甲子園常連校となり、学校のブランド力が高まっていけば、中学生のほうから入学を希望するケースも増えてきますが、その流れに乗るまでが大変なのです。

「Sランク（トップレベル）の選手がいなければ、日本一にはなれない」

PL学園を見ていて感じたことです。先輩にも後輩にも、高校や大学を卒業したあとにプロの世界で活躍する選手がいましたが、そこには大前提として、他者が羨むような圧倒的な能力の高さがありました。

1つ上の小早川毅彦さんのホームランは信じられないような高いフライで、1つ下の吉村禎章はセンター後方にある寮の屋根に当てる130メートル弾を涼しい顔で放っていました。

「こういう人がプロで活躍するんやな」と思わされました。

ちょっとうまいぐらいの高校生では、3年間どれだけ努力をしても、現実問題として追いつくのが難しいレベルです。

日本一を目指すのであれば、日本一を狙える選手に声をかけること。

入学後に心技体を伸ばしていくことはもちろんできますが、土台となる素材や能力の面で劣っていれば、甲子園で勝てるチームになるのは厳しいと言わざるを得ません。

現在の大阪桐蔭や横浜、仙台育英なども全国からトップレベルの中学生が入学しています。「本気で日本一を獲る」というのはそういうことなのです。

大阪桐蔭の部長に就いたとき、まず力を入れたのがこの生徒募集でした。「うちは新しい学校だから」と遠慮していたら、強豪校との差は開くばかりです。あえてトップレベルの選手に声をかけに行く。当時で言えば、天理や上宮、PL学園など甲子園常連校と争奪戦になるようなSランクの選手たちです。

まだ実績がない学校の場合、「Sランクに声をかけても、なかなか来てはくれない。はじめはBランクの選手を誘って、地道にチームをつくって……」と思いがちですが、そう考えているうちはいつまでもトップには立てないのです。

Sランクの選手に声をかけたとしても入学してくれるかどうかわかりません。入学してくれないケースのほうが多いでしょう。しかし、Sランクの選手から断られたとしても、「森岡の大阪桐蔭は、最後まで獲りに来ていた。これは本気やぞ」と情報が広まります。Bランクの選手ばかりに声をかけていたら、彼らよりも能力の高い中学生は、「あそこに入っても、甲子園には行けない」と思ってしまうものです。

高い目標を掲げたのであれば、それに見合う人材が必要になります。強いチームをつくるうえで、必要不可欠なポイントと言って間違いありません。

チームづくりのポイント

頂点を目指さなければ優秀な人材なんて集まらない！

03

ポテンシャルを見極める視点を持て

跳ね上げたかかとがお尻に着くか

Sランクの選手といっても、素材を見極める視点は人それぞれです。世の中の会社にそれぞれの採用基準があるように、高校野球でも、リーダーが描くチームに適しているかどうかを判断する視点は必要です。確固たる視点がなければ、周りの評価に惑わされて、お宝人材を採り逃すことにもなりかねません。

私は今でも、「中学生を見るときにどんな視点を持てばいいのか」と、高校野球関係者から聞かれることがあります。鶴岡さんから教わったことがベースになっていますが、大事にしているのは「走り方」と「キャッチボール」です。

まずは、走り方。

野球選手である前に、ひとりのアスリートです。中学生の時点で足が速いことに越したことはありませんが、走り方が良ければ、高校で筋力がつくことによってスピードが上がっていくことは十分にありえます。

具体的に見ているポイントは、「地面を踏んだあと、かかとがお尻にまで着くか」。何も全力疾走のときだけではありません。イニング間の攻守交替のときであっても、走り方がきれいな選手は、かかとがお尻に着くところまで跳ね上がっています。足の回転が良いので、「トン・トン・トン・トン」と地面を踏む音がリズミカルに聞こえるものです。

「バネ」という表現が合っているかわかりませんが、身体能力の高さ、筋力の強さを証明しているものと考えていいでしょう。

バットスイングのスピードが速い、打球を飛ばすパワーに優れているといった点もたしかに重要ですが、走り方が良ければ、高校に入学してからのトレーニングによって、バッティングはいくらでも成長していけます。

伸びるボールを投げられているか

もうひとつは、「キャッチボール」です。

しなやかに腕を振り、相手の胸に向かって、スーッと伸びる球を投げることができているか。どれだけ球速があっても、相手の近くでボールが垂れる選手は、「初速だけが速く、ボールの伸びに欠けている」と判断できます。さらに、ピッチャーであれば、180センチ以上の身長があれば言うことはありません。

軟式出身、硬式出身に関してはさほど気にしていませんが、軟球を握っているほうがヒジや肩への負担は少ないように感じます。甲子園優勝時の二枚看板だった背尾伊洋と和田友貴彦は、ともに軟式野球部の出身でした。

指導者になってから見たピッチャーに限れば、大阪桐蔭第1期生のひとりである今中慎二のボールの伸びは群を抜いていました。ヒジから先の使い方が柔らかく、ボールが垂れずに伸びていく。プロで活躍したのも十分に頷けます。

「ガンッ！」と力任せに腕を振るピッチャーは、中学ではパワーで勝ることができますが、高校になるとなかなかそうはいかないものです。

今では「継投」が当たり前の時代になっていますが、私は当時から、「最低でも学年に2人、エース級のピッチャーを獲る」と決めていました。優勝メンバーの和田は和歌山の県立高校を落ちたあと、大阪桐蔭を受験した経緯があります。和田の入学は、本人にとっては申し訳ないですが、チームにとっては非常に幸運なことでした。

中学時代に優勝した経験は大きな財産

走り方とキャッチボールは、身体能力を見極める私の視点です。じつは、もうひとつ素材を見極める視点があります。

それは、成功体験がある選手かどうか。

わかりやすく言えば、優勝した経験があるかどうかということです。

どのカテゴリーであっても、大会での優勝は大きな財産になります。日本一と考えれば、中学生のトーナメントになると10連勝近くは必要になるはずです。その中で結果を残す選手は、〝勝ち方〟を知っています。

ちなみに、優勝メンバーである井上大や萩原誠は、中学生の頃に在籍していた大東畷《なわて》ボーイズで全国制覇を果たしています。

優勝経験がある選手は、「この1球、このワンプレーが大事」という嗅覚を持ち、そこで最大限の集中力を発揮できたり、要所を押さえたりできる能力に優れています。「ここは危ない場面だな」と感じたときに、タイムを取って間を取ることができるのも、勝ち方を知っている選手。こうした感覚は、指導者が教えてもなかなか身につくものではありません。

成功体験という視点から考えると、チームの脇役的な存在の二番・セカンドや八番・センターの選手であっても、大会で優勝した経験を持った中学生には大きな魅力を感じます。大舞台を踏んだ経験があれば、高校で「全国制覇」を掲げたとしても、「いや、そんなの無理やわ」とは思わないでしょう。

過去の実績は案外、大事なものなのです。もし、私が企業の人事採用に関わることがあれば、何らかの実績を残した学生に魅力を感じると思います。

チームづくりのポイント

人材を見極めるポイントは、潜在能力と経験値

04

スーパースターは3人まで

Sランクの選手は学年3人まで

強い組織をつくるには、企業であっても、高校野球のチームであっても、優秀な人材を集めることが第一なのは言うまでもありません。ただし、組織内での役割を無視した集め方をすると、バランスを欠くことにつながります。

贅沢な話ですが、高校野球の場合でも、Sランクばかりが入学してきても、チームはなかなかうまく回らないものです。

自分の能力に絶対的な自信を持っている選手が多く集まると、「おれがやってやるわ！」と自己主張の激しいチームになり、黒子に徹する脇役がなかなか出てこなくなるからです。

かつてのプロ野球で、どことは言いませんが、四番打者タイプばかり集めてもうまくいかなかったチームがありましたよね。

チームには、〝主役〟も〝脇役〟も必要なのです。

ＰＬ学園や青森山田で中学生のリクルートを担当していた、井元俊秀さんという伝説のスカウトマンがいらっしゃいます。

その井元さんが私に教えてくれたのは、「スーパースターは学年３人まで。それ以上獲ると、チームがうまくいかない」。

井元さんが関わっていた頃のＰＬ学園であれば、全国からトップクラスの選手を何名も勧誘できたはずですが、その言葉どおりにＳランクを４名も５名も獲るようなことはしていませんでした。

理想をお話しすれば、１学年に３人ずつＳランクを揃えることです。かつ、センターライン（ピッチャー、キャッチャー、セカンド、ショート、センター）を守れる選手であれば言うことはありません。センターラインを重視するのは、プレー機会が多いポジションだからです。そこに能力の高い選手を配置できると、チームにしっかりとした軸をつくれることになります。

私の頃のＰＬ学園は、ほとんどが中学時代にピッチャーやショートで活躍していた選手でした。それだけの能力があれば、高校に入ってからほかのポジションに移ったとしても難なく対応できるからです。ファーストの選手を、ショートやセカンドにコンバートするのはなかなか難しいことです。

ちなみに、私がPL学園に入学したときは、新入生21名のうち15名がピッチャーでした。そして、春の練習でどんどんふるいにかけられ、「ピッチャー失格」の烙印を押されていきます。私も、そのひとりでした。

学年3人ずつであれば、3年生が引退したあとでも強いチームをつくり続けることができます。チームの核となる選手が各学年にいれば、チーム力がガクンと落ちることはそうはありません。

チームの精神的支柱「キャプテン」に求めるもの

チームの精神的な支柱となるのがキャプテンです。

チームは、キャプテンの言葉がけやふるまいによって大きく変わっていきます。私はキャプテンとしてうまくいかなかったことを経験しているだけに、その責任の重さは理解しています。

ゼロからチームをつくるなら、組織のトップに立つ人間は、その中心となるキャプテン像を持っておいたほうがいいと思います。

日本一世代のキャプテンは、玉山雅一でした。中学3年時に声をかけたときから、「もし、玉山が大阪桐蔭に来てくれるのであればキャプテンにしたい」と考えていました。その時点から、私の頭の中では、彼を中心としたチームづくりを描いていたということです。

玉山の魅力は性格の強さにありました。一言で表現すれば、「きかんぼう」。勝ち気で、グイグイと前に出ていく性格です。言うことをなかなか聞かなそうなやんちゃさも垣間見えましたが、それもまた魅力のひとつでした。

「玉山の強さを抑えられるやつは、たぶんいない。でも、玉山の強さについていくやつはおるやろう」。それが、彼をキャプテンに選んだ理由です。

私は、玉山が下級生のときから、「上級生になったら、お前に任せる。このチームを引っ張れるのはお前しかいない」「チームの中心選手ほど、人が嫌がることをやって、仲間からの信頼を勝ち取るもんや」と、期待の言葉をかけ続けていました。私が信頼を寄せていることを、しっかりと伝えておきたかったからです。

また、言葉をかけ続けることで「おれがキャプテンをやるんだ」という自覚が生まれれば、日々の行動も変わってくると考えていました。「地位が人をつくる」とはよく言ったもので、人はその役割に恥じない行動を取るようになるものです。

ただし、私のようにそれが重圧となり、自分らしさを出せずに終わってしまうケースもあります。自分のことよりもチームのことを優先しすぎることで、個人の成績が落ちる場合もあるのが高校生です。

玉山にはレギュラーとしての期待も大きかったので、重荷を背負いすぎないように気を配りました。「玉山が背負っている荷物を、部長の私が少しでも持ってあげる」とでも言えばいいでしょうか。

決して、何か特別なアクションを起こしたわけではありませんが、日頃から可能なかぎりコミュニケーションを取り、玉山が何か悩んでいるときに話しかけやすい関係性をつくることに配慮しました。

加えて、「新しいキャプテン像をつくったらええんや」という話もよくしていました。「キャプテンはチームをまとめなければいけない」と思いがちですが、無理にまとめようとすると、個性のない、こぢんまりとしたチームになってしまいます。

私が描く強いチームは、それぞれの個性を認め合ったうえで、日本一に向かって自然にまとまっていくのが理想です。私としては、玉山らしい強さを出してくれれば、それで良かったのです。

当時の関係性が良かったのか、玉山とは今でも頻繁に連絡を取り合っていて、甲子園のネット裏で高校野球を見ることもあります。一緒に戦った甲子園で30年前の教え子と野球を見られるわけですから、こんなに幸せな時間はありません。

性格が強い玉山ゆえに、猪突猛進で突っ走ってしまう恐れもありました。そのために、玉山が左に行きそうなときに、「いや、右や」と堂々と言える副キャプテンを置く必要がありました。それが井上大でした。軌道修正ができる、いわば「チームの調整役」です。

玉山には、「お前の性格の強さはわかっているけど、周りの意見をしっかりと聞いてこそのキャプテン」という話は繰り返ししていました。

選手ミーティングをするときは、主要な選手だけで物事を進めずに、2年生にも1年生にも、「お前らはどう思う?」と聞いてみる。まったく違う視点から、チームのためになる提案が出てくるかもしれないからです。

私はこれまでの経験で培ってきた知識を、できるかぎり玉山に伝えるようにしていました。

チームには主役もいれば脇役もいます。中心となって引っ張っていく人材も必要です。ゼロからチームをつくるときは、どんなメンバー構成にするのか、リーダーが頭の中でしっかり描いておくことが肝心です。

チームづくりのポイント

ゼロからチームをつくるなら、まず初めにメンバー構成を描け

05

リーダーの信念は運も引き寄せる

惚れ込んだ選手に熱意を伝え続ける

センターラインを任せられるSランクの選手を獲得する。

日本一を目指す私立校なら、どこでも考えていることです。

ただし、前述したように、新しくできたばかりの学校や実績のない学校が、そのレベルの選手に入学してもらうのは簡単ではありません。それならどうして、優勝メンバーに名を連ねる選手たちが、創部したばかりの大阪桐蔭に入学してきてくれたのでしょうか。当時のことをお話ししましょう。

中学生をリクルートするときの信条は、「好きな子を口説くように、あの手この手を使って、愛情と熱意を伝える」。これに尽きます。

当時は、中学校の関係者に大阪桐蔭の名刺を出しても、「大阪桐蔭？　どこや？　あー、大東校舎か」という反応でした。まだ実績もないわけですから、当然です。「甲子園に絶対に連れていきます！」と言っても、何ら説得力はありません。

それでも、愛情と熱意だけは伝え続けることができます。「この子と一緒に野球がやりたい」と惚れ込んだ生徒には、何度も何度も足を運び、練習や試合を見に行った思い出があります。

日本一メンバーの中で、最初にアプローチをかけたのが、大阪の大東畷ボーイズで四番を打っていた井上です。最初に返事をくれたのも井上で、「大阪桐蔭の歴史をつくってくれた男」だと思っています。

井上に関しては、奇跡のような巡りあわせで入学が決まりました。中学の関係者から、井上のご両親がよく足を運ぶ中華料理屋を教えてもらい、2つ下の有友コーチ（当時）とともに通いました。

試合も何度も見ていたので、ご両親は大阪桐蔭の関係者とわかっていたと思います。たしか、3度目にお店を訪れたとき、ご両親が先にテーブルについていて、「私たちに何か御用ですか？」と切り出されました。

井上のプレーは中学1年のときから見ていました。バットコントロールに優れ、芯で捉える技術は中学生とは思えぬレベルでした。絶対に、チームの中心選手として活躍してくれる。いずれは大学やその先でも活躍する選手になる。こうした想いを、ご両親に熱く伝えました。

そのとき私は20代中盤だったので、「兄貴代わりになって、3年間面倒を見ます」とも言いました。その熱意が通じたのでしょうか。何度かお会いしたあと、「息子を先生に預けますから、3年間頼みます」と嬉しい返事をいただきました。井上が中学3年生の4月頃だったと記憶しています。

3月には、ボーイズリーグの春季全国大会が行われ、井上がいた大東畷が全国制覇を達成していました。日本一チームの主力が、創部したばかりの大阪桐蔭を選んだ。この話は、高校関係者の中で驚きをもって受け止められていました。

その後、すでに天理に行くことがほぼ決まっていた萩原が、「同じチームの井上が行くのなら」と大阪桐蔭に進路を変更して、大東畷の中軸2人の入学が内定しました。2人には、「大阪桐蔭の歴史をつくってほしい。力を貸してほしい」とメッセージを伝えたことを覚えています。

日本一への強い想いが人を引き寄せることもある

ボーイズリーグの春季全国大会決勝で、大東畷に敗れたのが京都ファイターズでした。ここでキャプテンを務めていたのが、のちに大阪桐蔭のキャプテンとして深紅の大優勝旗を手にする玉山です。

当初、玉山は京都商を第一志望に挙げていましたが、入試に落ちたことで、第二志望だった大阪桐蔭に来ることが決まったのです。

和歌山市立伏虎中《ふっこ》（当時）で活躍していたピッチャーの和田も、前述したとおり、和歌山の桐蔭高校に落ちて、うちを受験した経緯があります。懇意にしている高校の先生から、「間違いなく、和歌山ナンバー1のピッチャー。県内に残るとややこしいから、森岡先生の大阪桐蔭で獲ってくれないか」と相談があったのです。

甲子園でサイクル安打を記録したセカンドの澤村通は、もともとつながりがあった兵庫尼崎ボーイズの代表から、「邪魔にならんやつだから、絶対に獲ってください。どこかで何かをするやつですから。チームを一つにつくり上げていくなかで、絶対に必要になるやつです」と推薦を受けました。実際にプレーを見ると、動きが機敏で足が速い。澤村の活躍がなければ、日本一には手が届かなかったでしょう。「絶対に必要になるやつ」という代表の言葉は、まさにそのとおりでした。

大阪桐蔭で澤村と二遊間を組んだ元谷哲也は、中学1年生から追いかけていました。当時すでにアジア大会にも出場した実績を持ち、ショートとして優れた能力を発揮していました。

井上から始まる有力選手の入学連鎖は、何かの力が働いたのではないかと感じるものでした。リーダーの強い想いは、ときに見えない力を引き寄せるのかもしれません。

チームづくりのポイント

ぶれない信念は、不可能を可能にすることがある

06

大阪桐蔭は高校野球を変えるチームになる

チームに対するプライドを持たせる

一体感がなくバラバラな組織は、どんなに優れた人材が集まっても、大きな成果は得られません。リーダーが大きなビジョンを掲げ、本気で取り組んでも、メンバーがリーダーと同じ方向を向いていなければ、チーム力が高まることはないからです。まさに、「笛吹けども踊らず」です。

私は、新しくできた大阪桐蔭に入学してきてくれた選手たちにプライドを持ってもらうために、いい意味での「特別感」を植え付けていました。彼らに言っていたのは、「きみたちは選ばれた特別な人間であり、大阪桐蔭は高校野球を変えていくチームになるんやぞ」。

井上や萩原ら能力の高い選手を「特別に扱う」という意味ではなく、「大阪桐蔭を選んでくれた、一人ひとりの存在が特別」という意味です。とにかく、日本一を目指すチームに誇りを持ってほしかったのです。

高い目標に向かっていくことで、自分たちの力を高めていく。その過程でうまくいかないことも負けることもあるでしょうが、本気で日本一を目指していれば、すべての経験が財産になるものです。

そして、勝っていけば、大阪桐蔭のユニホームにプライドを持てるようになります。

PLを辞めなかった理由は「PLだったから」

チームに誇りを持つ。

その大切さを教えてもらったのは、やはりPL学園での経験です。

PL学園は日々の練習がきつく、逃げ出したくなることが何度もありました。平日は昼には授業が終わるため、13時過ぎから20時まで練習です。40年以上前の話ですから、理不尽な「説教」もありました。

日々の生活は、自分のことよりも、先輩のことが優先になります。1年生が同部屋の先輩の洗濯物を担当し、自分の汚れ物は後回しです。そのため、洗いきれないときには汗まみれのアンダーシャツを着回していました。当然、嫌な臭いがしますが、そんなことは言っていられません。

母親が自宅で洗濯したアンダーシャツを持ってきてくれたこともありました。でも、すぐには着られず、ロッカーに入れたままになっていました。

なぜなら、そのアンダーシャツからは自宅でいつも使っていた洗剤の匂いがするからです。その匂いを嗅ぐだけで、自然に涙があふれてきました。親元を離れたことで、親のありがたさを日々感じていました。高校に入るまでは、反抗的な態度ばかり取っていたのですが……、申し訳なく思いました。

1年生の夏までがとにかくきつく、同級生と何度も、「今日こそ、寮から逃げよう」と話し合っていました。

実際に、いつでも逃げられるようにカバンに荷物をまとめ、先輩たちよりも早く起きて、朝4時頃に玄関に荷物を持っていったこともあります。それでも、本当に逃げることは一度もできませんでした。九州から来た選手がふと漏らすのです。

「大阪のやつらはいいよな。おれはＰＬに行くときに、地元のみんなが万歳三唱で送り出してくれたんだ。そこまでしてくれたのに、どんな顔をして帰ればいいのか……。おれは帰れない」

そんなことが何度もあり、何とか1年生の夏まで踏ん張ることができました。あのときに辞めていたら、どんな人生になっていたのか想像もつきません。

今は、あの世界を知ってしまっただけに、「生まれ変わったあと、もう一度PL学園に入学するか？」と聞かれたら、「もちろん！」と即答できない自分もいます。

私自身なぜ辞めなかったのか――、いや、辞められなかったのか。たどりつく答えはいつも同じで、「PLだったから」。

憧れていたPL学園の野球部で、鶴岡さんや偉大な先輩たちと一緒に野球ができる。しかも、寮のスペースの関係で誰もが入れる野球部ではない場所に自分はいる。鶴岡さんに認められたからこそ、PL学園のグラウンドで練習ができ、あのユニホームを着ることができるわけです。

そして、3年間心身を鍛えることができれば、いずれはプロの世界も見えてくると本気で思っていました。厳しい上下関係で精神的にきつくなっても、PL学園で野球ができることにプライドを持っていたのです。

大阪桐蔭に入学が決まった生徒たちにも、同じような話をよくしていました。

「『この学校に入学ができた。このユニホームを着て、野球ができる』という喜びを感じながら、学校やグラウンドに来てほしい」

まだ、創立されたばかりの学校であるため、いきなりこのレベルを求めるのは難しいことはわかっていました。それでも、言い続けることで、学校や野球部にプライドを持つようになってほしかったのです。

これは、社会人でも同じだと思います。働いている企業や自分の仕事に、どれだけ誇りを持っているか。それこそが、日々のモチベーションの土台になるのではないでしょうか。

チームづくりのポイント

チームに誇りを持てるからこそ、一体感が生まれる

07

実力主義の土壌をつくる

勝てるチームをつくるには先輩の理解が必要

日本一チームをつくるには、メンバー全員が能力を最大限発揮できる環境をつくる必要があります。阻害するものがあれば事前にクリアにしておく。それもまた、リーダーの重要な仕事になります。

特にゼロから組織をつくり変えようとする場合は、中途半端な環境で優秀な人材を迎え入れると、宝の持ち腐れになる可能性さえあります。

私の場合、気を配ったのは、上級生の存在でした。

大阪桐蔭には学年20名ほどの部員がいたため、井上や萩原らが入学するときには、約40名の上級生がいたことになります。彼らは大産大高の大東校舎から移ってきた生徒であり、そもそものスタートに違いがありました。

本音の部分はわかりませんが、力のある1年生が入学してくることはわかっていたはずで、「1年生が入ってきて強くなるわ」と素直に喜ぶ者もいれば、「3年生でもメンバーに入れない選手が何人も出るのでは……」と不安に感じていた者もいたと想像します。

私は、そんな精神状態にある2、3年生に対してミーティングを開き、正直な気持ちを伝えました。

「もう今までとは違うよ。今までの野球部とは感覚を変えるから。それを理解してほしい。1年生の中でメンバーに入る選手も必ず出てくると思う。おれは、学年関係なしに、実力のある選手を使う。そのときに、チームの力が120％出るようにしてやってほしい」

さすがに、3年計画とは言いませんでしたが、上級生たちの中には薄々感づいていた選手もいたはずです。

大人になってから、大東校舎から来た選手と食事をしたときに、「最初から3年計画と言ってくださいよ！」と冗談交じりに言われたので、「それを言ったら、お前ら辞めていたかもしれんやろう！」と返しておきました。

新たに強い組織をつくっていく過程では、当時の上級生のような役割を求められる人が必ずいます。「我慢」とまでは言いませんが、有望な1年生が思い切って活躍できるようなサポートをしていく。言ってみれば、裏方といわれる役回りです。

もちろん、「最初から3年計画と言ってくださいよ！」と言われたように、すぐに納得してもらえたかどうかはわかりません。それでも、彼らの協力なくして強いチームはつくれませんでした。

すべてがうまく回ったとは思っていませんが、少なくとも上級生の理解がなければ、3年後の日本一はなかったでしょう。

グラウンド外では先輩を敬う

新入生の多くは、野球の面で自信を持って入学してきた生徒たちです。だからこそ、こんな話をよくしていました。

「グラウンドでユニホームを着たら、先輩も後輩も関係ない。実力勝負の世界やから。そこは遠慮することなく、どんどんやってほしい。だけど、ユニホームを脱いで、グラウンドを離れたときには、これまでに米粒を一つでも多く食べ、学校に1日でも多く通っている先輩をしっかりと敬うこと」

チームとしてもっとも困るのが、「おれは野球がうまいから」と1年生から偉そうな態度を取ることです。

実際に入学式当日に、態度が悪かった新入生を私は叱り飛ばしています。同級生はそれを見て、若干引いていましたが、まさか入学式で叱られるとは思っていなかったでしょう。1年生全体の気持ちを引き締める狙いも込めていました。

野球だけでなく、挨拶や礼儀、身の回りの整理整頓など、人として当たり前のことができていなければ、どこかで成長は止まります。目上の先輩を敬うことは、PL学園でとことん教わったことで、社会に出ても絶対に必要な礼儀になります。

一方で、1年生を守ることにも力を入れました。1年生のうちは全寮制にせず、自宅からの通学でも構わないことにしました。閉ざされた空間の寮では、心配事がどうしても増えてしまうものです。自宅から通うことで、親御さんも我が子の様子を間近に見られる安心感があったと思います。

まだ厳しい上下関係があった時代で、私から「そういうことはやめるように」と言っていましたが、多少のことはあったと想像できます。実際、大人になったあとに、当時のメンバーから、「先輩にやられました」という話を耳にしたこともありました。

ただし、本当に日本一を狙うのであれば、全員が寮に住んだほうが練習時間を確保でき、四六時中一緒にいることで一体感も生まれやすくなります。そのため、1年生がチームに馴染んできたところで寮に入ってもらうことを、当初から考えていました。

チームづくりのポイント

実力主義の陰で裏方に回るメンバーがいることを忘れてはならない

08

強いチームから学び、そこにアレンジを加える

お手本はPL学園。だが真似ではいけない

「PLよりも大きいチームをつくる」

これが、大阪桐蔭の部長に就いたときの目標です。言い換えれば、「PLと同じやり方では、PLよりも大きいチームをつくることはできない」ということです。決して、PL学園を否定しているわけではありません。PL学園には代々受け継がれてきた良き伝統があり、そのグラウンドに息づく、目には見えない緊張感が漂っていました。その伝統を、大阪桐蔭が真似しようとしても無理な話です。PL学園での学び、そして鶴岡さんから学んだ野球を生かしながら、ゼロからつくる大阪桐蔭だからこその色を出していく。新しい野球部ならではの強みを出していきたいと考えていました。

1年生を積極的に起用し、3年生に対して、「チームの力が120%出るようにしてやってほしい」とお願いしたのもそのひとつです。PL学園は上級生の力が強かったので、さすがにこんなことは言えません。

新しい取り組みの柱として、ウエイトトレーニングがあります。プロ入りした今中

がトレーニングルームを寄贈してくれたことで、筋力アップに時間を充てられるようになりました。

PL学園ではほとんどやっていなかった分、パワーの面で他校に差をつけ、甲子園で勝てる体をつくっていく。コーチの有友が天理大でトレーニングを学んでいたため、指導は有友に任せていました。

PL学園時代は練習中に水を飲むことができませんでしたが、さすがにこれは撤廃しました。科学的な観点からも、適度に水分補給をしなければ脱水状態になってしまいます。

また、PL学園伝統の「付き人制度」も大阪桐蔭では取り入れませんでした。じつは、創部当初の数カ月はやっていたのですが、先輩がただ理不尽な指示を出すだけで、上下関係が悪くなりそうな雰囲気があったのでやめました。

「付き人制度」に関しては、のちに賛否両論が出ることもありました。当時のことを振り返れば、先輩に目をかけてもらい、先輩との強いつながりをつくるPL学園ならではの伝統のひとつです。

先輩の指示に「ハイ！」しか言えない時期もありましたが、目上の方に気を配り、敬うことの大切さを教えてもらったと、私は感じています。

社会に出たあとも、木戸さんはじめ、多くの先輩方とつながりを持てているのは、PL学園の上下関係のおかげだと言って間違いないと思います。今でも、「元気にやっているか？　食事に行こうや」と連絡をくれる先輩が多く、本当に感謝しています。

「勝つ野球」よりも「負けない野球」

野球に関しては、鶴岡さんのもとで学んだ「守りの野球」を大阪桐蔭でも継承していきました。

トーナメントの高校野球においては、得点を取ること以上に、失点を防ぐことが重要視されます。初回にいきなり3点や4点を失うことがあると、どれほど攻撃力に自信を持っていても、相手に主導権を握られて後手に回ってしまうからです。高校生なので、「打って返してやろう！」と焦りも生まれがちです。

まずは、守りから主導権を掴む。

バッテリーを中心とした守備がしっかりしていなければ、トーナメントを勝ち抜くことはできません。鶴岡さんの言葉を借りれば、「負けない野球」。0点に抑えていれば、負けることはない。そのベースになるのは、やはりキャッチボールです。堅い守りに攻撃力が加われば、日本一を獲れるチームになると本気で思っていました。

どれほどすごいバッターでも、ドラフト上位で指名されるような好投手に対すると、そう簡単には打てないものです。「打線は水物」と言われるとおり、計算が立ち、信頼できるのは守備。時代が変わっても、大切にしなければいけない不変の考えだと思っています。

日本一のチームをつくりたいといっても、すべてをオリジナルにすることはありません。参考にすべきチームがあれば学び、そしてアレンジする。それが、最短で強いチームをつくる方法だと私は思います。

チームづくりのポイント

お手本となる成功事例は積極的に取り入れアレンジするのが日本一への近道

第2章

強いチームをつくるリーダーの心得

09

メンバーのことをとことん信じる

選手に裏切られても、選手を裏切らない

私が指導者としてもっとも大切にしていたのは、〝選手を信じる〟ことです。とことん、信じ抜く。高校生なので裏切られることも多々ありましたが、私が裏切ることはしないと決めていました。

「選手を信頼できない指導者を、選手は信頼してくれない」

「何回、裏切られたとしても、選手のことを絶対に裏切るな」

「指導者は、選手に裏切られてこそなんぼや」

指導者になってから、鶴岡さんに何度も言われてきた言葉です。

リーダーが選手を信頼しなくなると、その気持ちは選手にも必ず伝わります。それでは勝てるチームになっていかないのは明らかなことです。だからこそ、「こいつなら絶対にやってくれる！」と思いながら、指導にあたっていました。

だからといって、「お前のことを信じているぞ！」と青春ドラマのようなセリフを

言っていたわけではありません。もしかしたら、今の時代であれば直接言ったほうが、選手の心に響くのかもしれませんが……。

私が心がけていたのは、なかなか結果が出ないときでも、練習試合や公式戦で我慢強く起用することです。選手たちには、「先生はおれに期待してくれているんだ」というメッセージとして届いていたと思います。

裏切られるのも自分の責任

日本一になる世代よりも上級生の話ですが、練習に来なくなった選手の家にまで迎えに行ったことが何度かあります。でも、私が来ると怒られると思ったのでしょう、自宅の2階の窓から飛び出て、逃げてしまいました。ケガがなかったのが何よりですが……。最終的に、その選手は野球部を辞めることになりました。

そのときの私の気持ちは、「裏切られた！」ではなく、「自分の指導力が足りなかった。申し訳ない」。もっと別のアプローチをしていれば、その子は野球部に戻ってきたかもしれません。うまくいかなかった原因は私自身の至らなさにあるのです。

他人のせいにせずに、どれだけ自分自身にベクトルを向けられるか。これは、生徒にもよく話していたことです。

何か問題が起きたときに、「あいつのせいだ」と責任転嫁するのは簡単なことですが、それは問題に向き合わずに逃げているだけ。「もっと、自分にもやれることはなかったか」と思うことが、人としての成長につながっていくはずです。

高校生はまだまだ精神的に未熟で、振れ幅が大きい年代です。表に見えている感情と、内面に抱えている本音では違うことがあります。

大人である指導者が、本音の部分をどこまで見てあげることができるか。すべてをわかってあげることは不可能ですが、内面を知るためにもまずは選手を信じること。この気持ちがないと、何も始まらないと思います。

チームを導くリーダーのポイント

メンバーに裏切られたとしても、リーダーはメンバーを絶対に裏切ってはいけない

10

チームは家族。相手の目線で対話する

選手の愚痴を聞くのも指導者の役割

そもそも、選手を信じなければ、コーチや部長の仕事は務まらないと思います。鶴岡さんのもとでコーチとして選手たちと接していた頃の私は、学校でもグラウンドでも寮でも一緒にいるわけで、24時間のほとんどを選手と同じ空間で過ごしていました。

大産大高から亜細亜大、松下電器に進み、1992年のバルセロナ五輪にも出場した中本浩（パナソニックGM兼総監督）という選手がいます。その中本が、鶴岡さんから激しく叱られ、寮に戻ってきたときがありました。

怒声だけで終わることはなく、手も出た時代です。鶴岡さんから電話があり、「一緒に風呂に入ったれ」という伝言がありました。「フォローしておけよ」という意味です。「何で一緒に入らなあかんのや」と思うときもありますが、年齢が近いコーチだからこそできる役割でもあります。

風呂に入れば、選手のほうから愚痴もこぼれてきます。「あんなに怒らなくてもいいじゃないですか！」。風呂のあとには、外に連れ出して夕飯をおごったり、寮でフルーツあんみつを食べさせたり、あの手この手で選手の心に寄り添っていました。

だいたい最後には、「監督もお前に期待しているんや。期待していないやつには怒らんやろう」という話で締めていました。

あとで聞いた話ですが、鶴岡さんは「おれはやみくもに怒っているわけじゃないんだよ。お前がカバーできると思っているから、こんだけ怒ってるんだ！」と言っていました。コーチには、そういう役割もあるのです。

もしかしたら、選手たちは私のことを、コーチというより兄貴のような感覚で見ていたかもしれません。でも、私はそれで良かったと思っています。

PL学園時代を振り返ると、西山正志さんという方がコーチをされていました。1974年から1988年までコーチを務め、7度の全国制覇を支えた指導者です。

のちに、大和銀行や大阪学院大で監督を務めています。

グラウンドでは非常に厳しい方ですが、寮に戻れば優しい一面が見えるときもありました。

西山さんが所用で外出するときには、部屋係でもあった私が呼ばれて、「おれはちょっと出かけるから、ここにあるお菓子を食べておいてええぞ。ゆっくりしてええから、あとは掃除をして、きれいにしとってくれ」と声をかけてくださいました。

上級生からのいわゆる〝説教〟がある日でも、「西山さんの部屋の掃除があります」と言うと、先輩らも何も言わずに見逃してくれました。私は、西山さんに助けてもらっていたのです。

こうした経験があったので、「野球を教えることだけがコーチではない」と肌感覚でわかっていたところがあります。

チームは家族である

令和に入ってから、「働き方改革」という言葉をよく目にするようになりました。みなさんのなかでも、大きく働き方が変わった方もいるのではないでしょうか。甲子園常連の私立校であっても、「部活は週1日、必ず休みを入れること。生徒だけでなく、教員も休みを取るように」と指導する学校が増えていると聞きます。

人によってさまざまな考えがあっていいと思いますが、若い頃の私に、「休みたい。リフレッシュの時間がほしい」と感じることは1ミリもありませんでした。先ほど、「コーチではなく兄貴のような存在」と言いましたが、選手と一緒に寮に住んでいたこともあって、チーム全体が家族だと思っていました。


「生徒のために、24時間一緒にいるのが当たり前」

そう考えていたので、高校生と寝起きをともにするのも、一緒にご飯を食べるのも、楽しい時間だったのです。

夜に自主練習をする選手がいれば、ティーバッティングのトスを上げたり、ノックを打ったり、とことん付き合いました。卒業生には、「先生、いつ寝とったんですか?」とよく聞かれましたが、当然、選手たちが寝たあとです。

睡眠時間を削ってでも、選手と同じ空間で同じ時間を過ごす。

それが、コーチである私の役割であり、大阪桐蔭の部長になっても、そのスタンスは変わらずに持ち続けていました。そのことに、何の疑いも持つことはありませんでした。

若いときに、選手とともに過ごす時間を経験できたことは、私にとって間違いなく大きな財産になっています。

相手の目線まで下りて1対1で対話する

大阪桐蔭には、能力が高く、個性豊かな選手が揃っていました。彼らに対して、「こうやってやれ！」と上から目線の高圧的な指導でまとめようとしても、絶対にうまくいかないと思っていました。尖った個性を丸くするのではなく、個性を生かしたままチームをつくっていく。

「うまく育てよう、うまくまとめようとすると絶対に失敗する」

自分自身に言い聞かせていた言葉です。

心がけていたのは、選手の目線にまで下りて、1対1で対話をすることです。

コミュニケーションを積極的に取り、選手から話しかけやすい雰囲気をつくっていく。寮で一緒にテレビゲームをすることもありました。やっぱり、家族であり、兄貴ですね。

いろんなやり方で、「お前らのことを信じているからな」という気持ちを伝えていたように思います。

保護者からもよく電話がかかってきました。

「森岡先生、帰省した息子がこんな様子なんです」とか、「ちょっと元気がないんですけど、何かありましたか」など、どんなことであっても、親身になって耳を傾けました。

履正社国際医療スポーツ専門学校に移ってからの話ですが、妻から「あんたは何時間、電話をしているの?」とよく言われていました。

でも、私にとって時間は関係ありません。親御さんが納得するまで話を聞き、相談に乗る。お母さんもお父さんもきっと、この瞬間に話をしたかったわけで、「今は忙しいんで」や「また後日」ということはないように心がけていました。

私も生徒も保護者も、ひとりの人間です。野球の能力ではなく、「人と人」として付き合っているわけです。

心がどれだけ通じ合っているか。一方通行のやり取りではなく、コミュニケーションを綿密に取り、しっかりと会話のキャッチボールをする。野球の指導者に限らず、組織を回していくうえで重要なポイントになると思います。

裏話ですが、大阪桐蔭を退職するときに、森山校長から「お前は、あれだけいろんな厳しい指導をしてきたのに、親から1個も文句が出てこない。何でや?」と驚かれました。

コミュニケーションを大事にしていた、という理由しか見当たりません。

チームを導くリーダーのポイント

目線を揃えた1対1の会話のキャッチボールがチームを束ねる軸になる

11

大切なことはぶれずに伝え続ける

昨日と今日で言うことを変えない

私が選手との信頼関係を築いていくために意識していたのは、自分の考えをぶれずに伝え続けることです。

わかりやすく言えば、何が良くて何が悪いかの基準をはっきりさせて、昨日と今日で発言が変わらないようにすることです。そして、レギュラーであってもダメなときにはしっかりと叱り、部員全員に公平に接するようにしていました。

私は、善悪の価値を明確に教えることが教育だと思っています。ハラスメントが社会問題化してきたこともあって、「褒めて伸ばす」という考えをよく聞くようになりました。

たしかに長所を伸ばすには効果的な手法だと思います。しかし、改めなければいけないことや悪いことに対しては叱ってあげなければ、相手が気づくことも、行動が変わることもありません。それが、指導者の役割だと思います。

組織の上に立つ人間でよくあるのが、言うことがその日によって変わったり、相手によって変わったりすることです。昨日はOKだったことが、今日はNGになれば、相手は迷います。リーダーに対する不満も出るようになり、信頼関係が失われていきます。

指導者経験の浅い私が、完璧にできていたわけでもなく、時には違うことを口にしていたかもしれません。それでもできるかぎり、一貫性を保つようにしていました。

私は、コーチ時代も部長時代も、一貫して選手に口酸っぱく言い続けていたことがあります。それは、「相手の気持ちを考えて行動する」「自分がされてイヤなことは、相手にもしない」。

子どもの頃から、親や先生に言われ続けてきたことかもしれませんが、これは高校生も大人も同じではないでしょうか。相手の気持ちに立ってみれば、言葉や行動の一つひとつに優しさや気遣いが生まれてくるはずです。その優しさがあるからこそ、試合中に仲間の気持ちを考えて、声をかけられる選手になれるのです。

あとは、当たり前のことですが、「時間を守る」。

チームで決めた集合時間に遅れるようなことがあれば、チーム全体に迷惑がかかります。遅刻をすることは、一人だけの問題ではなく、誰かの時間を奪っていることにもなります。

時間を守ることは結局、相手の気持ちを考えて動くことになるのです。

視点を変えて伝えてみる

大切なことをぶれずに伝え続けるために、私は、人や時期によって表現方法を変える工夫もしていました。言葉の刺さり方が人によって異なることがあるからです。

「しっかりやれや！」で伝わる選手もいれば、「送り出してくれたお母さんのことを考えてみ。そんな態度で練習していたら、お母さんが悲しむぞ」と言ったほうが、心が動く選手もいます。

押してダメなら引いてみるではないですが、AがダメならBの方法で問いかける。いろんな角度から言葉を投げかけるのも、指導者の大事な技術だと思います。

今の時代であれば、メールやＬＩＮＥなども効果的なツールになるでしょう。スマホに文字が残ることで、読み返すこともできます。伝える方法は、その時代や指導者によってさまざまあっていいと思います。

子どもでも大人でも、昨日のことを忘れることがあります。そんなときに「お前なぁ、昨日も言ったやろう。もう、忘れたのか！」と怒っても、何も変わりません。

根気強く、表現を変えて、大切なことを言い続ける。その過程の中で裏切られることもありますが、そこで「ええ加減にせぇや！」と投げ出してしまったら、組織の上に立つリーダーとは言えないのではないでしょうか。

一方通行の問いかけにならないように、「お前はどう思ってんねん？」と聞くことも意識的にやっていました。

このときに、選手が素直な気持ちを口にできるかどうかは日頃の人間関係にかかっています。威圧的な指導で、ただ怒鳴り散らしているだけのコーチや部長に対して、「思っていることを素直に話してみ」と言っても、話せるはずがありません。その場を取り繕うだけで終わるはずです。

態度の悪さはとことん叱る

大切なことは根気強く伝え続けていましたが、人として許されない態度を取ったときには、レギュラー陣であろうととことん叱りました。モノに当たったり、グラウンドにツバを吐いたり、道具を投げたりしたときは容赦しません。

よく覚えているのが、ベスト8で負けた1991年春のセンバツ後の練習で、中心選手の澤村を怒鳴ったことです。

守備練習のときに、監督の長沢さんがセカンドを守っていた澤村を注意したことがありました。それに対して、澤村は背中を向けて、二塁ベースに砂をかけたのです。完全に、ふてくされた態度を取っていました。

その日はたまたま、新聞社とテレビの取材が入っていたのですが、関係ありません。マスコミのみなさんの前で、澤村を呼んで激しく叱りました。

「今の態度は誰に対してや？　おれに対してか？」

「いえ、先生には……」

「誰に対してやったんや？」

「自分自身に……」

「関係あるか、ぼけ！」

そこからの話は、さすがに詳しくは書けません。取材に来ていた記者からは、「ここまでやらないと、ＰＬには勝てないのですね」と言われたのですが、そういう気持ちで怒ったわけではありません。

指揮官に対する反抗的な態度は、チームの輪を乱すことにつながります。そもそも、ベースに砂をかけること自体、野球選手として間違っていることです。あとで、「お前、あの行動はないやろう」と冷静になって諭す方法もありますが、あのときの行動はさすがに許せませんでした。

「鉄は熱いうちに打て」ということわざのとおり、その瞬間に叱ったほうが効果的なこともあるのです。

ただし、叱るときに気をつけていたことがあります。それは、できるかぎり全員の前で叱るようにすることです。

特に、チームを代表して出場している主力に対しては、みんなが見ているところで叱りました。「あれだけ活躍しているあいつでも怒られるんだ」と、他のメンバーが感じることによって、チームはピリッと引き締まるものです。

一方で、厳しく怒ったあとのフォローは1対1です。

それこそ、甘いものでも食べながら、「お前、おれが何であそこまで厳しく言ったかわかるか？」と問いかけていきます。グラウンドにいると、どうしてもお互いが感情的になってしまうので、時間を置いて、場所を変えることを意識していました。

メンバーとの信頼関係は1日にして築けるものではありません。だからこそ、ときに褒め、ときには叱り、密にコミュニケーションを取ることが大切なのです。

チームを導くリーダーのポイント

信頼関係は、一貫性のある言動の上に築かれる

12

大事なのは「監視」ではなく「観察」

学校での様子をグラウンドの指導に生かす

リーダーには、メンバーの心の状態を察知する力が必要です。どんなに意識の高い人間でも、やる気が高い日もあれば、どうにもこうにも気持ちが乗らない日がありま す。その心の状態をわかっていれば、相手に対する接し方は変わります。

高校生の場合、平日の練習は授業を受けたあとに行います。授業で課題を提出したり、発表の準備をしたり、高校生としての日常のあとに練習が始まるわけです。部活動に関わる指導者として、このことを忘れてはいけないと思っていました。彼らは、野球だけに没頭できるプロ野球選手とは違うのです。

私は授業を持っていたので、野球部員の様子を見ていましたし、昼になれば食堂に行って、部員と一緒にご飯を食べていました。たとえば、そこで、自宅から通っている生徒が、いつもはお弁当を持ってきているのに、今日に限って、コンビニで買った軽食を食べていたとしましょう。すかさず私は声をかけます。

「お前、いつもお弁当なのに、今日はどうしたん？」

「いや、ちょっと、母親の具合が悪くて……」

「そうか、それは心配やな」

こうした会話ひとつで、その生徒の心の状態を知ることができます。それがわかっていれば、仮に、グラウンドで覇気のないプレーをしたとしても、いつもと同じようにガツンと叱るのではなく、抑えて叱ることができます。


グラウンド外での選手の様子を観察しておかなければ、臨機応変に対応することができません。「選手が悪いことをしないように」「何かあったらすぐに注意ができるように」と、高校生のことを監視している指導者もいますが、それは完全に間違った考えだと思います。

大事なのは、〝監視〟ではなく〝観察〟です。

毎日、彼らの表情を見て、挨拶の声を聞いていれば、「どうした？ 今日はちょっと元気がないぞ」ということはわかるようになります。というよりも、わからないといけません。

指導者は、グラウンドで練習が始まる前に見ておくべきことがたくさんあるのです。その点、教員として生徒たちの日常を観察することができたのは、選手との信頼関係を築くうえで私にとって意味のある時間になりました。

これは、ラグビー部のコーチになったときも同じです。競技が違うだけで、大阪桐蔭の生徒であり、ひとりの高校生であることに変わりなかったからです。

ほかの先生には怒らせない

教員でもあった私は、選手たちの学校での生活には特に気を配っていました。

これは、部活動に関わる顧問の特徴だと思いますが、クラスや授業で何か問題が起きたときには、真っ先に野球部員を叱っていました。

彼らとしては、「何でおれらだけ、いつも怒られるんや」と思っていたかもしれません。クラスを一つにまとめていくためには「怒られ役」が必要で、申し訳ありませんが、私にとってもっとも近い存在である野球部に担ってもらっていました。

一方で、ほかの教員が野球部員を怒っているのを見ると、無性に腹が立ちました。「うちの部員に触るな！」と思ってしまうのです。本当に、我が子のように思っていたので、愛情は強かったと思います。

もし、部員を怒っている教員を見つけたら、「先生、どうしましたか？」とすぐに声をかけて、その理由を聞いて、「すみません、申し訳ありません！　ぼくに任せてもらっていいですか」と頭を下げていました。「怒ることがあるのなら、おれがやっておく」という気持ちが一番にありました。

また、部員が学校の規則を破るようなことをしたときには、「本当に申し訳ありませんでした」と、一緒になって謝ることもありました。

コーチであり、部長であり、教員であり、兄貴でもあるわけです。それぐらいの責任を持って、日々の指導にあたっていました。

学校生活の乱れは、グラウンドに必ず出てきます。

学校で怒られた選手は、その気持ちを引きずったまま練習に出てくるので、テンションが落ちています。

好きな野球を存分にやりたいのであれば、グラウンドよりも長い時間を過ごす学校生活をしっかりと行うこと。そして、ほかの教員から信頼を得ること。それが、応援してもらうことにもつながっていきます。

高校野球の場合、野球部とは関係のない教員からも応援されるような生徒でなければ、まっすぐに育ってくれません。「野球部は、教室では授業の邪魔ばかりしていて」と思われていたら、応援されないのは誰にでもわかると思います。

何も、勉強でいい成績を取りなさい、優等生になりなさいと言っているわけではありません。高校生としてやるべきことをきちんとやりなさい、ということです。普段の生活が乱れていなければ、心の状態が乱れたままグラウンドに来ることはなくなります。

チームを導くリーダーのポイント

リーダーは、メンバーの心の状態に敏感であれ

13

距離を感じる相手ほど、自分から距離を縮める

相性が合わない生徒ほど寄っていく

人間誰しも、好き嫌いがあります。「好き嫌い」というよりは、「合う合わない」と言ったほうが正しいでしょうか。抽象的な表現を使えば、「相性の良し悪し」です。人が複数集まる組織で、全員とウマが合うこと自体が珍しいことです。

部長と選手の関係性の中でも、相性はあります。人懐っこく寄ってくる選手もいれば、私と距離を取っていると見受けられる選手もいました。そういう選手には、私はあえて距離を詰めて、寄っていくようにしていました。

「何でなん？　おれのこと嫌いなん？」

ストレートに聞いたこともあります。「面倒くさい先生やなぁ」と思われたかもしれませんが、それでも構いません。立場が上である私が自分のことを100％さらけ出さなければ、高校生から近寄ることはなかなかできないからです。

何か問題が起きたときに、急に「お前どうしたん？」と聞いたところで、そこに至るまでに関係性を築いていなければ、腹を割って話してくれるはずもないでしょう。

相手に心を開いてもらいたいなら、「ちょっと苦手な先生だけど、自分のことを気にかけてくれている」という空気感を、日頃からつくっておくことが重要なのです。

絶対にほったらかしにはしない

高校生に関わるうえで大事にしていたのは、「何があっても絶対に見放さない。ほったらかしにしない。見捨てない」という気持ちです。

「部長と選手」ではなく、「人と人」として関わりを持つ。

不安や悩みがあるのであれば、「何かあったか？」と声をかけてやるだけで、気持ちが少し楽になる生徒もいるものです。


極端な例になるかもしれませんが、路上で人が倒れていても、助けに行かないことが多い世の中になりました。善かれと思った行動が、逆に迷惑な行為だと思われ、自分が被害を受けることもあるからです。

そうであれば、目の前の問題にはわざわざ手を出さずに、傍観者でいるほうがいい。人が苦しんでいるのに、遠くからスマホで撮影している若者がいるという話を聞くと、「これからの日本は大丈夫なのだろうか？」と不安に感じることもあります。

だからこそ、若者の教育に携わる大人は、〝お節介〟であるぐらいがちょうどいいと思うのです。積極的に関わり、声をかけていく。思春期の高校生なので、「面倒だなぁ」と感じるかもしれませんが、それでもいいのです。

「森岡先生はぼくのことをしっかりと見てくれている」と、1ミリでも思ってくれれば十分です。こうした関わり合いの中で、心の安定を保つことができれば、持っている能力を最大限に伸ばしてあげられるはずです。

チームを導くリーダーのポイント

見放さない、ほったらかしにしない、見捨てない

14

愛情を持ち、そして関わり続ける

長時間練習なんてナンセンス

私は、1991年に日本一を成し遂げた翌年から、大阪桐蔭のラグビー部の指導に携わることになりました。

大好きな野球から離れることになり、はじめのうちは「何でおれがラグビー部なんや……」と後ろ向きの気持ちがあったのは否めません。それでも、野球を離れたからこそ、指導者、教育者として何にも代え難い貴重な学びを得ることができました。

当時ラグビー部は、毎年のようにオーストラリアで合宿を組んでいました。ラグビーはニュージーランドやオーストラリアの南半球が世界のトップを走っており、戦術やコーチングを学びに行っていたのです。

オーストラリアでの合宿は、日本のコーチングがいかに古いものか実感させられる日々でした。科学的、かつ理論的、専門的であり、そこに指導者の愛情もたっぷりと詰まっている。日本の部活動では見られない光景でした。

わかりやすいところでは、練習時間の違いがあります。70歳近いオーストラリア人のヘッドコーチに指導を受けていたのですが、練習は午前中で終わり。われわれとしては、それに物足りなさを感じていました。せっかく、高いお金を出して遠いところまで来たわけですから、一日中ラグビーに触れていたい。

そこで、うちの監督が、「まだまだやるぞ」と練習を続行しようとしたところ、ヘッドコーチが険しい顔で通訳を通してこう伝えてきました。

「そんなに練習をしたいなら、日本に帰れ。おれは明日から来ない。オーストラリアに何を学びに来たんだ？　すべてを学びたいのなら、おれの言うこと聞け」

ヘッドコーチが言いたかったのは、「長時間練習をしたところでうまくなるわけではない」「決められた時間の中で成長させるのが指導者の仕事」ということです。

今でこそ、日本の部活動でも、短時間で成果を上げる指導法がフォーカスされるようになりましたが、当時は「長時間やるからこそうまくなれる、強くなれる」と信じられていました。私もそのひとりです。

しかし、長時間練習は、体力的にも精神的にもきつく、ケガにつながるリスクがあるのも事実です。仮に「9時から11時」とスケジュールを組んだのであれば、その時間内でメニューを組み、成長させていく。あの頃の私にはまったくない考えでした。

「餅は餅屋」であり、専門家に任せる

練習が始まると、フォワードはフォワード、バックスはバックスコーチのもとに集まり、専門的なスキルを教わります。さらに、パスだけを教えるコーチ、キックだけを教えるコーチ、トレーニングコーチもいて、プロ野球のようなスペシャルな指導体制を敷いていました。

「餅は餅屋」ということわざがあるように、専門的なことはその道のプロに任せたほうがいいのは誰にだってわかります。私が育ったPL学園も、高校野球の中では恵まれてはいましたが、もっと先を行っているように感じました。

ポジション別のスキル練習を終えたあとには、全員で集まり、練習試合を行います。個を高めてから、チームをつくり上げる。最初からチーム全体のことばかりを考えていると、個人スキルが上がらないために、特徴のないチームになりがちです。私も同じような考えを持っていましたが、改めて気づかされました。

練習試合の翌日には、再びポジション別の練習に戻り、試合の反省をもとにメニューが組まれていました。これを繰り返していけば、強くならないわけがありません。漠然とやる練習が一つもなく、すべてのメニューに意味がありました。

何よりも大事なのは愛情

現地の高校との練習試合で印象的なシーンがありました。

うちのラグビー部の生徒が、接触プレーでグラウンドに倒れ込んだときに、オーストラリアのコーチがすぐに走り寄り、言葉をかけていました。

「お前、大丈夫か？　練習のときに言っただろう。こういうプレーをしていたら、試合で痛い思いをするぞ。そのとおりになっただろう」

そのまま、コーチ自ら選手を抱えあげて、グラウンドの外に出してから、日本人のスタッフに、「申し訳ないけど、あとは見ておいてくれ」と声をかけていたのです。

もし、日本の指導者であれば、ベンチで腕を組んだまま戦況を見ていたかもしれません。コーチが駆け寄る姿、言葉をかける姿から感じたのは、「目の前にいる選手を成長させたい」という愛情です。言葉は通訳を介したものですが、愛情の深さは十分に伝わっていました。

「教育の原点は、ここにあるんやな」。遠いオーストラリアで改めて得た学びです。どれだけ優れた技術指導や理論を持っていても、選手に対する愛情がなければ、心の通った指導をすることは絶対にできません。昨今大きな問題になっている体罰やパワハラは、愛情の欠如からくるものだと、私は感じています。

ラグビーの世界でコーチングを学べたことは、学生の教育に関わる私にとって大きな宝物になりました。「何で野球から離れなければいけないのか」と、不満を持ったことが恥ずかしくなります。どこに身を置こうとも、その時間を意味のあるものにするかは、自分の心持ち次第なのです。

チームを導くリーダーのポイント

愛情のない指導では選手は絶対に育たない

15

責任はすべてリーダーが取る

頭を下げるのはリーダーの役割

高校野球の世界においては、「部長＝責任教師」であり、文字どおり何か問題が起きたときには、部長が責任を取ることが通例になっています。監督は教員以外の人間でもなれますが、部長に就けるのは学校の教員のみ。「生徒の責任は、教員である部長が取りなさい」ということです。

この考えに対しては、まったく不満はありません。子どもたちのためであれば、私はいくらでも頭を下げます。選手にも、「何かあったら最後はおれが責任を取るから、お前らは思い切ってやってこい！」とよく言っていました。

実際、高野連から注意を受けて、始末書を書いたこともあります。優勝した世代に関しては、合計で7枚の始末書を出しています。

もっとも印象に残っているのは、大阪大会の決勝で勝ち、甲子園出場を決めたあとのことです。大阪府の高野連会長から、「優勝おめでとう。今からな、甲子園に出場してもいいか、審議をするからな」と言われました。そんなことありますか……。思わず、自分の耳を疑いました。

選手に伝えたところ、「えぇ！　そんなことってあるんですか！」と絶句していました。いや、あるわけがありません。絶対にありません。準優勝校が甲子園に出場することになれば、前代未聞です。

うちの選手たちが少々やんちゃで元気があって、それで高野連に目を付けられてしまった、ということです。新興勢力ということで、他校や高野連から必要以上にマークされていたのはあると思います。創部4年目の学校がいきなり夏の甲子園に行ったら、伝統校としては面白くないでしょう。しかも、マナーが少々悪いとなると、「調子に乗らせるな！」と注意が入ることもわかります。

たとえば、打席で体の近くにボールを投げられたときに、ピッチャーをグッと睨み返すような態度がよくありました。大阪大会で、最初のヤマになったのが3回戦の北陽です。追いつ追われつの展開の中、9対6で逆転勝ちを収めたのですが、うちのバッターが打席の中でキャッチャーに砂をかけていると、問題になりました。

バットを構える前に、ホームベース上でバットのヘッドを揺らしていたところ、何度か地面にあたり、キャッチャーに砂がかかったようです。真夏の球場は土が乾くので、土煙が舞いやすい環境でもありました。

試合後、高野連に呼び出されて、「高校生らしいマナーで試合をするように」と注意を受けました。当該選手に、「故意に砂をかけてんのか?」と一応確認したところ、「そんなわけないですよ。砂埃ぐらいあがりますよ」とあっけらかんとしていました。

「見ている人にとっては、違うふうに受け止められることもあるからな。一応、次からは気をつけや」と言って終わりです。

リーダーがジタバタしなければ、メンバーは伸び伸びと能力を発揮できるものです。逆に、少しでも責任を転嫁するようなそぶりがあれば、たちまち信頼関係は崩壊します。「思う存分暴れてこい」。リーダーなら、そうあるべきだと思います。

チームを導くリーダーのポイント

リーダーの全責任を持つ覚悟が、メンバーの能力を最大限に引き出す

16

学ぶことをやめたら、リーダー失格

元履正社・岡田監督の学ぶ姿

リーダーは、チームを強くするために誰よりも学ばなければいけません。リーダーが学ぶことをやめたとき、チームの成長は止まります。組織のトップだからといってふんぞり返っているリーダーに、チームを統率する資格はないのです。

2007年に大阪桐蔭から履正社国際医療スポーツ専門学校に移ったとき、当時履正社の監督をされていた岡田龍生先生（現東洋大姫路監督）から質問されたことがありました。

「何で、大阪桐蔭はあんなによう打つん？」

岡田先生は、私の1つ年上です。「森岡くん、PLのときから付けているノートを持っていると聞いたけど」と言われたので、「持っていますよ。見られますか？」と答えると、「ぜひ、見せてほしい」とのことでした。

当時の履正社は大阪桐蔭と2強を形成しつつあり、大阪の高校野球をリードする存在になっていました。その中であっても、年下の指導者から貪欲に学ぼうとする岡田先生の姿に感銘を受けたことを覚えています。

どんな世界でもそうですが、上に立つ人間が「このままでいいか」と現状維持を考えたら、その組織は衰退していきます。

リーダーは常に学び続け、知識をアップデートし、新しいことにチャレンジしていく。学びをやめた時点で、そのポジションは誰かに譲り、身を引かなければいけません。過去の栄光や成功体験だけを頼りに成果を出せるのは数年です。あっという間に、時代の流れに置いていかれることになります。

勇気を持って学びに行く

私は、幅広い人脈を持っていた鶴岡さんのおかげで、20代前半の頃から、偉大な指導者の考えを学ぶことができました。最高に幸せな環境で、指導者としての基礎を身につけることができたと思っています。

もし、私と同じような環境にないという場合は（そういう方が多いと思いますが）、優れた指導者のところへ勇気を持って訪ねることをおすすめします。そして、選手にどんな指導をしているのか、どんな言葉をかけているのか、問いかけてみてください。優れた指導者には、必ず実績を残している理由があります。手取り足取り教えていなかったとしても、時折かける言葉に指導のノウハウが詰まっていたりします。

まったく面識がない場合、「受け入れてくれるだろうか……」と不安な気持ちになるかもしれませんが、多くの指導者は若い頃に同じような経験をしてきています。それだけに、みなさん懐が深い。「学ばせてください！」という気持ちをストレートに伝えれば、受け入れてくれるはずです。

今はインターネットの発展によって、世界中のトレーニングや考え方を数秒で調べられるようになりました。「あらゆる疑問は、ネットひとつで解決できる」と言っても過言ではないでしょう。

動作解析や投球時の球の回転数や回転軸を計ることも、容易にできる時代であり、この環境を生かさない手はありません。若い指導者なら、私と比べると格段にパソコンやスマホを活用できるはずです。

ただし、こんな時代だからこそ、「百聞は一見に如かず」で自分の目で本物を見ることが、より大事になってくるように思います。ネットを見ただけで、すべてのことを理解できたと思ってしまうのは少し危険ではないでしょうか。

年上と付き合うことで学びの機会を増やす

大産大高で教えていたときは、鶴岡さんと一緒に行動をしていたこともあって、年上の方とのお付き合いが非常に多くありました。ひとりでは絶対に入れないようなお店での食事に何度も同席させてもらい、緊張しながら、先輩方の話に耳を傾けていました。味がわからないぐらい緊張したときもありましたが、とても幸せな時間を体験させてもらいました。

思い返してみると、PL学園に通っていたときも、上級生と付き合いをさせてもらうことが多かったと思います。強い人への憧れがあったのかもしれません。

そもそも、私は同世代の仲間で群れることが苦手なところがありました。同世代といれば居心地はいいのですが、自分を高められるかというと、1年でも長く生きている先輩といるほうが、多くの学びがあります。

PL学園では、木戸さん、西田さん、小早川さんら、のちにプロ野球のトップレベルで活躍する先輩と、一緒にいさせてもらったことは、今も大きな財産になっています。

若いうちは、まだ失敗が許されます。恥もプライドも捨てて、どんどん外の世界に出ていきましょう。若いときに経験した失敗の数々が、組織のリーダーになったときに、必ず生きてくるはずです。

愛すべき子どもたちの成長のために、勇気を持って、行動してみてください。

チームを導くリーダーのポイント

リーダーであるなら学びの機会は自らつくる

17

リーダーに必要なのは数多くの引き出し

引き出しの少ない指導者は選手の才能を潰す

学び続けるのは、リーダーとしての引き出しを増やすためです。それまでの自分の考え方や理念を変えるということではありません。たとえば私の技術的な指導は、鶴岡さんのもとで学んだことが大きなベースになっています。

「ピッチングを見たいのであれば、キャッチャーのことも勉強しなければいけない。キャッチャーを見られるようになれば、今度は全体が見えるようになる。全体が見られるようになれば、内野手のことをある程度は教えられるようになる」

鶴岡さんに何度も何度も言われた言葉です。

すなわち、出発点はバッテリーにあるということです。

ピッチャーを育てられなければ、勝てるチームにはなれない。これは昔も今も変わらない、野球の原則だと思っています。

幅広い人脈を持っていた鶴岡さんは、臨時的にさまざまな指導者をグラウンドに招いていました。それは、私にとっては名指導者の教えを聞けるチャンスでもあります。ノートを片手に先輩指導者の言葉を逐一メモし、自分の指導に生かしていました。

今は、スマホひとつで簡単に動画を撮れる時代です。メモをしなくても、映像を撮っておけば何度でも見返すことができます。非常に楽で便利な時代になったと思います。しかし、必死になってノートを書いたこともまた、大きな財産であり、今でもノートを見返すと、あの頃の光景が鮮明に甦ってきます。

鶴岡さんの助言をもとに学び続けることで、指導者としての引き出しが少しずつ増えていきました。

先ほど、「大切なことを、視点を変えて伝える」とお話ししましたが、これは技術指導にも当てはまることです。たとえば、ピッチングフォームを改善するときに、利き腕の使い方について言及したほうがいいピッチャーもいれば、利き腕とは逆のグラブの使い方を改善したほうが動きが良くなるピッチャーもいます。

「十人十色」どころではなく、「百人百色」と言ってもいいぐらい、技術指導には合う、合わないがあるものです。

仮に私が利き腕の使い方しか教えられないとしたら、利き腕とは逆のグラブの使い方に問題がある選手はうまく指導できないということです。それが原因で、その選手の能力を開花させてあげられないとしたら、とても不幸なことです。これもまた、リーダーの責任です。

大阪桐蔭では、選手やチームに課題が見つかったときには、私が書き溜めていた『鶴岡ノート』を参考にしながら、「こんな練習やこんな練習があるけどどうや？」というくつかの選択肢を与えて、選ばせていました。

「これをやりなさい」と指導者が指示するよりも、「いくつかやり方はあるけど、自分に合った練習はどれだと思う？」と選択の余地を残しておいたほうが、自分で考える力が身につき、前向きに取り組めるからです。

引き出しが少ない指導者は、自分の勉強不足で子どもたちの才能を潰している可能性があることに気づいてください。ビジネスの世界でも同じだと思います。リーダーの勉強不足でチームのポテンシャルを引き出せていない可能性があります。

今できることと、将来できるようになることがある

今の高校生は、ＳＮＳネイティブです。生まれたときから身近にスマホがあり、「スマホとともに生活をしてきた」と言ってもいいでしょう。メジャーリーグで流行っている打ち方や投げ方を真似したり、アメリカのトレーニングメニューを参考にしたり、さまざまな情報に興味を持っています。

私が部長をしていた当時も、メジャーリーガーに憧れて、アッパースイングで大きい当たりを打とうとしていた選手がいました。決して、悪いことではありません。上のレベルを目指すのは、自分を高めるために必要なことです。

ただし、今やるべきことかといえばＮＯです。

わかりやすい例を挙げれば、大谷翔平選手のようにノーステップで遠くに飛ばそうとしても、あれだけの骨格と筋力がなければ、無理なわけです。高校生が真似することは不可能と言っていいでしょう。最終的に大谷選手を目指すのはいいですが、その過程においては、「今の理想の打ち方」があるわけです。

ここで指導者に求められるのは、「憧れるのはいいけど、今の筋量や体重でその打ち方をしても、ホームランを打つのは難しいのではないか。体を強く大きくすることも並行して取り組んだうえで、今の体に適した打ち方を探すことも忘れないように」と伝えることだと思います。

指導者は、憧れのスタイルを認めたうえで、「でも、今やるべきことはな」と言ってやることなのです。トレーニングに関する知識や理論を丁寧に教えてあげれば、選手は納得してくれるはずです。

選手の興味関心が湧くような話を提供するのも、指導者としての大事な仕事です。そのためには、専門家に話を聞いたり、勉強会に出向いたりして、自分の頭をアップデートしておく必要があります。

一方で、憧れの選手を持っていない高校生もいます。「どうなりたいか」というビジョンが見えていないのです。そのため、日々の練習を何となくこなしていて、時間だけが過ぎていく。こういう選手には、「どんな選手を目指しているのか？」と聞いてやることも必要でしょう。

やはり、大事なのはコミュニケーションです。問いかけることで、考えを引き出していく。進みたい道が見えてこそ、やるべき練習が決まってきます。そのベースになるのもリーダーの引き出しです。多ければ多いほど、いろいろな視点からのアドバイスをしてあげられますし、それだけチームを強くする個々のポテンシャルを引き出せるということです。

チームを導くリーダーのポイント

リーダーの引き出しの数が多ければ多いほど、メンバーの才能が開花する確度は上がる

第3章

個を伸ばし
チーム力を上げる
人材育成のルール

18

一生懸命の選手を素直に称えるチームであれ

チームとして大事にすべき軸をつくる

人が何かを学ぶときや、何かを達成したいと思うときに、環境の良し悪しは非常に大きな要素になります。

クラスが騒がしく落ち着きのない雰囲気であれば、勉強に集中できずに学力も上がってはいかないように、野球部においても、「一生懸命にやろう！」という雰囲気を乱す選手がいると、チームが強くなっていくことはありません。

ＰＬ学園には、先輩によって脈々と引き継がれてきた伝統がありました。

上下関係が厳しいのは当たり前、練習がきついのは当たり前、キャッチボールの１球にこだわるのは当たり前、日本一を目指すのは当たり前、プロ野球選手を目指すのは当たり前。とにかく、「当たり前のレベル」が高いのです。

必然的に、新入生も日々の練習の中でこの厳しさに染まっていき、ＰＬ学園のユニホームを着るにふさわしい選手に成長していきました。

一方で、私が部長に就いたときの大阪桐蔭は、創部したばかりの新しいチームです。大産大高の大東校舎から、高校野球を経験している上級生が移ってきたとはいえ、学校名が変わってから3学年が揃うのは、この年が初めてのこと。伝統もなければ、文化も何もありません。

何か、チームとして大事にすべき軸をつくりたい。

チームが苦しくなったときに、そこに戻れる場所と言えばいいでしょうか。それがあれば、入学と卒業で選手が入れ替わる高校野球であっても、強いチームをつくり続けられるのではないかと考えていました。

会社で言えば、企業理念です。確固たる企業理念を持つ会社は、業績が伸び悩んだり、下降気味だったりしている時期があっても、簡単に揺らぐことがありません。なぜなら、自分たちの事業は社会に貢献しているという信念があるからです。

チームとして大事にすべき軸とは、言ってみれば、起業した会社が企業理念を考えるようなものでした。

一生懸命の選手を称えられないチームに価値はない

私が軸として掲げたのは、「一生懸命に頑張っている選手を、全員で称えられるチームになる」です。

一生懸命さに、野球の能力は関係ありません。140キロのボールを投げられなくても、ホームランを打てなくても、野球が大好きで、前向きに努力している選手は必ずいます。そんな選手を全員で称えられるチームということです。

試合に出ているレギュラー陣が、努力を重ねている仲間を「お前すごいな」「頑張っているな」と、素直に称えてあげることができるか。「試合に出られないんだから、そんなにやっても意味ねぇよ」と思ってしまう選手がいるとしたら、私は、そんなチームに価値はないと思います。

果たして、そんなチームが日本一になることがあるでしょうか。

個人事業主の集団であるプロ野球であれば、個人対個人の戦いを制することで勝ち星を重ねることができるかもしれません。しかし、学校対抗の高校野球はそうはいきません。メンバーに入れなかった選手が、レギュラー陣をどれだけ心から応援できるかによって、チームの雰囲気は決まってきます。

「おれの分も頑張ってくれ」という想いがあれば応援にも熱が入るでしょうし、逆に「お前らはいつも偉そうに野球をやっていたから、応援する気持ちが起きないわ」と思えば、一生懸命に声援を送ることもないでしょう。

たとえば、自主練習でティーバッティングをやるとします。

いつも試合に出ている選手の調子が良く、代打で出番を待つ選手の調子がなかなか上がらないのであれば、「次の試合で打てるように、お前が多めに打てよ」という考えがあってもいいわけです。

こうした行動を高校生が自然にできるようにするには、指導者が自ら、頑張っている選手を評価し、認めてあげることが必要になります。子どもたちは、大人のふるまいを必ず見ているものです。

ＰＬ学園では下級生が上級生にトスを上げるのが慣習になっていて、主に付き人の下級生が自主練習の手伝いをしていました。たまに、「お前も打っていいぞ」と下級生に打たせてくれる先輩もいましたが、これは稀な例。基本的には、先輩がうまくなるための時間なので、後輩はサポートに徹します。

このような経験をしていたので、大阪桐蔭に移ってからは、上級生と下級生でペアを組むことをやめさせました。どうしても、下級生が練習をする時間が減ってしまうからです。その裏には、井上、萩原ら能力の高い1年生が存分に練習ができる環境を整えたい、という気持ちもありました。

繰り返しますが、グラウンドに入れば下級生も上級生もありません。だからこそ、誰もが同じように練習ができるシステムをつくるのも、指導者の大事な仕事だと思っていました。

ひとりぼっちにさせない

仲間のことを認め、称えることの根底にあるのは、〝思いやり〟です。

第2章でも少し触れましたが、仲間の気持ちをどれだけ考えて、行動することができるか。「あいつは今どんなことを考えているのかな？」と想像するだけで、言葉がけや行動は間違いなく変わってきます。

「ピッチャーをひとりぼっちにさすなよ。寂しい気持ちにさせるなよ」

これは、私が試合中によく言っていたことですが、マウンドとは孤独なものです。特に、ピンチになればなるほど、「もう投げたくない」と不安な気持ちが生まれてきます。それでも覚悟を決めて投げなければいけないのがピッチャーです。その不安や重荷を少しでも取り除いてあげるのが、周りにいる仲間の役割になります。

「打たれてもおれたちが守ってやるから、思い切っていけ！」など、勇気を持てるような声をかけてあげる。毎日一緒にいる仲間だからこそ、その言葉が心に響いていくのです。

たとえば、けん制球をキャッチした野手が、ピッチャーにボールを返すときに無言ではなく、何か言葉をかけながら投げる。それだけで、ピッチャーの気持ちは楽になることもあります。

一人ひとりが気配りや心遣いを持てるようになれば、チームの結束力はより強くなっていくはずです。

3アウトを取って、ベンチに戻ってくるときの空気感を見ると、チーム内の関係性が見えることがあります。打たれたピッチャーに誰も声をかけずに、ひとりぼっちにしているのか、全員で出迎えて気持ちを切り替えさせているのか。

また、エースの存在が大きくなりすぎると、周りが声をかけるのをためらい、孤立した存在になってしまう場合もあります。抑えているときはいいですが、打たれ始めると止められない。ひとりぼっちにさせると、どうしても孤独感が増してしまいます。

活躍している選手にばかり目が行きがちですが、強いチームには、やはりチームとしての底力があるものです。その根底にあるのがチームの軸であり、大阪桐蔭の場合は、「一生懸命に頑張っている選手を、全員で称えられるチームになる」でした。

チーム力を上げる人材育成のポイント

ひとりぼっちにさせない想いが結束力を強くする

19

気持ちが通じ合えばチームは自然と強くなる

相手はどんなことを考えているのか

今、相手がどんなことを考えているのか想像してみる。

これこそが、私は、思いやりのある人間になるための第一歩だと考えています。これは、野球の試合においても重要な役割を果たします。

相手とは、仲間、指導者、対戦相手と、大きく考えると3つの対象があります。

まず、仲間のことを知らなければ、何も始まらないでしょう。寮生活であれば、ほぼ24時間一緒の空間で生活をしています。それなのに、「あいつは何を考えているのかわからない」というのであれば、連携プレーがうまくいくはずがありません。

相手の考えを知るには、同じ時間、同じ空間を過ごすとともに、選手ミーティングの時間を増やすこと。ミーティングという形式的なものでなくてもいいので、お互いに考えをぶつけ合う時間をつくることです。

気持ちが通じ合わなければ、強いチームにはなりません。

たとえば、セカンドがエラーをしたあとに不安そうな表情を見せていたら、近くにいるファーストやショートが、「ここまで練習してきたことを思い出せ。自信を持ってやれ」と声をかけてやるだけで、表情が変わることがあります。

それだけ、仲間の言葉には大きなエネルギーが宿っているということです。

だからこそ、常日頃からお互いに会話をして、観察をして、コミュニケーションを取る必要があるのです。

最近の子たちは、寮に入っていてもスマホをいじったり、音楽を聴いたり、ひとりの時間を大切にする傾向にあると聞きます。それを否定するわけではありませんが、チームで戦っている以上、「あいつのことは何でも知っている」という関係性を築いているほうが、チーム力が高まるのは間違いありません。

指導者の次の手を読む

PL学園には、スクイズだけでいくつかのサインが存在しました。

一つだけだと、相手ベンチに読まれてしまったら作戦はほぼ失敗します。そのために、リスクマネジメントとして複数のサインが用意されていたのです。

選手側の視点で大事なのは、「次はどんなサインが出るのか」と予測を立てておくことです。イニング、得点差、バッターのタイプ、ピッチャーが投げる球、守備位置などを考慮すると、ある程度予測することができます。練習試合を何度もやっているわけですから、監督の作戦の傾向もわかるようになっているものです。

科学的に調べたわけではありませんが、私の経験上、監督と選手の考えが一致したときほど、成功率が高いように感じます。「監督、そのサイン待っていましたよ！」と思えたほうが、自信を持ってプレーができるからだと思います。逆に、「え？　スクイズですか？」と驚いているようでは、プレーに影響が出ることになるでしょう。

ただ、打って投げて走ってだけでは、なかなか勝てるようにはなりません。「相手は何を考えているのか。だから、自分はどうすればいいのか」。一人ひとりがこの思考を持つことが、チームのつながりを深め、チーム力を高めることになるのです。

チーム力を上げる人材育成のポイント

あいつは何を考えているのか想像してみるだけでチーム力は高まる

20

できないことはそこそこに、できることは120点にする

できることを120点に伸ばしていく

どんな人にも、長所もあれば、欠点もあります。どれだけ素材に優れたSランクの選手であっても、何かしらの欠点はあります。本当に高いレベルで、走攻守三拍子揃った選手はほとんどいないと言ってもいいと思います。

私が選手によくかけていた言葉があります。

「できるところを120点にせぇ。できないことは補えばええから」

萩原や井上のようにバッティングが持ち味の選手であれば、その長所をとことん伸ばしていけばいいのです。

仮にバッティングが90点、走塁が70点、守備が50点だとした場合、すべてを100点に近づけようとする指導者がいますが、そうなると選手の個性が埋没してしまいます。その子の武器や長所を目一杯伸ばしてあげることが、先のステージでの活躍につながっていくものです。

ただし、守備が50点のままでは守るところがなくなってしまいます。苦手なことにも真剣に向き合わないと、自分の良さを認めてもらえなくなります。それゆえに、「できないことは補えばええ」という表現を使っていました。

人間は好きなことに取り組んでいるほうが、気持ちが前向きです。長所を伸ばすことでさらなる自信につながれば、結果としてそれが課題に向き合うエネルギーにもなります。「守備が下手だから、守備をやっておけ」と毎日ノックばかり受けていたら、なかなか前向きに取り組めません。

PL学園のように強い覚悟を持った選手たちであれば、「そこを乗り越えなければ、活躍できない」とわかっているのですが、そんな高校生ばかりではないのです。

「チャッピー」から「ピッチャー」に

私のPL学園時代を振り返ると、入部当初はピッチャーとしての活躍を夢見ていました。しかし、たいした実力はなかったので、鶴岡さんから「お前はピッチャーやなくて、チャッピーや」と言われていました。ウソみたいなエピソードですが、本当の話です。「チャッピー」と呼ばれたのは、人生でこのときだけです。

どうしても、ピッチャーをやりたかったので、先輩相手にバッティングピッチャーで1日300球近く投げ続け、鶴岡さんにアピールをしていました。何としても、チャッピーを卒業したかったのです。アンダースローに挑戦したこともあります。

自分の好きなこと、得意なことで、認められたい。

誰もが抱く気持ちだと思います。

どんな人間でも、何かしら得意なことは持っているはずです。しかし、思うように認めてもらえなかったり、伸び悩んだりすることがあります。そんなときこそ、得意なことにもう一度目を向けて伸ばしてあげる。それも指導者の大事な役割です。

チーム力を上げる人材育成のポイント

長所を伸ばせば、欠点に向き合うエネルギーになる

21

強豪校の「負けない」心理に学びあり

何より大事な「チャレンジャー精神」

ＰＬ学園で野球をやっていたからこそ、わかることがあります。

それは、「強豪校の心理」です。

能力の高い選手が揃い、きつい練習を乗り越えた集団であっても、そこは高校生。「勝ちたい」と思えば思うほど、「負けてはいけない」「負けられない」というプレッシャーが強くなります。私は、試合に行くのが怖い日さえありました。

かつても今も、強豪校が夏の地方大会の序盤で敗れ、「波乱」「番狂わせ」と報じられることがありますが、その大半が力を出し切れなかったときではないでしょうか。練習試合では大差で勝てるような相手に対して、持っている力を発揮できない。そして中盤までにリードを許す展開になると、緊張からプレーがみるみる硬くなり、負けパターンにはまってしまいます。

当時のＰＬ学園でも、そういうことは起こりうることでした。

それを防ぐために、鶴岡さんから常に言われていたのが、「チャレンジャーの気持ちで戦いなさい」です。

「ＰＬがチャレンジャー？　相手のほうが力は劣るのでは？」と思うかもしれませんが、鶴岡さんが伝えたかったチャレンジとは、相手に対してではなく、自分たちの野球への挑戦です。

「０点に封じ、１点でも多く得点を取る」

目指していたのは、「ＰＬのユニホームを見ただけで、相手が嫌がる野球」。どんな相手であっても、この理想にチャレンジしていくのです。

大阪桐蔭の選手には、ＰＬ学園の心理を説明したうえでこんな話をしていました。

「強豪であればあるほど、負けることに怖さを感じている。負けたらどうなるんやろう……という不安の中で、少しでも突破口が見えてきたときには、『勝てる！』というスイッチが入って、一気に攻め込んでくる。そのスイッチを入れんように、お前らは常に挑戦者として戦うこと。得点を取れるときには１点でも多く取り、アウトを取れるときには1つでもたくさんアウトを取る。強豪校もプレッシャーがかかってるんや。それを忘れるな」

強豪は強豪で、苦しさがあるのです。それを理解していたことが、初出場初優勝の一因だったと思います。初出場であれば、怖いものなしですから。

私たちが優勝した前年のセンバツ大会では、近大付が初優勝を成し遂げています。西武に入団した犬伏稔昌《いぬぶしとしあき》が中軸を打っていた世代ですが、吉田嗣男監督がつくるチームはとにかく元気がよく、勢いがありました。

負けることを恐れていない。近大付の快進撃を見たことで改めて、〝チャレンジャー精神〟で臨むことの大切さを教えてもらった気がしました。

チーム力を上げる人材育成のポイント

強いチームには強いチームならではのプレッシャーがあることを理解する

22

チームの温度差をなくすのは一人ひとりの責任感

全部員が公平に練習できる環境

「甲子園に出る。日本一になる」と高い志を持って入学してきたとしても、その全員が試合に出られるわけではありません。

1991年当時、ベンチ入りメンバーは15名に限られていました。その後、少しずつ枠が増えていき、2023年夏の甲子園では過去最多となる20名がベンチに入ることができました。

それでも、強豪校になれば100名近い部員がいるわけで、全体の5分の4がスタンドから応援することになります。下級生であればまだ翌年がありますが、3年生にとっては最後の夏。6月頃にはメンバー発表が行われ、夏の大会には出場できないことがわかってしまいます。

また、ケガによって戦線離脱を余儀なくされ、不完全燃焼で高校野球を終える選手も出てきます。

言うまでもなく、高校野球は部活動です。試合で活躍する選手であっても、スタンドで応援する選手であっても、学校の生徒であることに変わりありません。一人ひとりに、「この野球部に入って良かった」と思ってもらえることが、指導者である私の使命だと考えていました。

一番に考えたのは、部員全員が公平に練習できる環境をつくることです。ボール拾いや、声出しだけをしている選手がいないように、グラウンドや室内練習場、ウエイトトレーニングルームを使って、メニューを組んでいく。

これは、鶴岡さんから教わったことでもあります。

私が高校生のときから、PL学園は1年生でも練習することができていました。1980年頃の高校野球を考えると、部員が多い強豪校ほど、「1年生は夏までランニングと声出し。ちゃんと練習ができるのは、3年生が引退してから」という学校が多かったように思います。

鶴岡さんのやり方は時代の先を行っていたのではないでしょうか。

一人ひとりに責任感を持たせる

チームを強くするには一体感が大事ですが、その障壁となるのが、ベンチ入りメンバーとそうでないメンバーのチームに対する温度差です。そこで私が取り組んだのが、上級生一人ひとりに仕事を任せて、責任感を与えることでした。

「おれがいないと、野球部は回らない。休んでしまうと、誰かに迷惑がかかってしまう」と、一人ひとりが責任感を持つようになればチームへの愛着が湧き、「こいつらと一緒に優勝したい！」と思うようになるのではないかと考えたのです。

野球部の活動には、ボールやバットの用具管理、整理整頓、グラウンド整備、スコア整理など、練習以外にもさまざまな仕事があります。その一つひとつを、上級生一人ひとりに任せることにしました。

ボール係には、球数の管理を任せました。

野球のボールは、もっともきれいな新球を試合で使い、試合で使えなくなったものをキャッチボール、ノックボール、バッティングボール、ティーボールと、一つずつ落としていきます。

縫い目の糸がほつれてきたときには、カラーテープで覆うなどして補修をすることもあります。

今、それぞれ使えるボールが何球ずつあるのか。指導者が確認したときに、すぐに答えられれば責任者として合格です。ボールがなければ、練習も試合もできないので、ボール係の役割は非常に重要になります。


ＰＬ学園は道具の管理が行き届いていました。ヘルメットが少しでも汚れていると、鶴岡さんはじめ指導陣に怒られます。ヘルメットをきれいに磨く係はいるのですが、結局、小さな汚れに気づけない選手が、試合中に相手の表情や動きの変化に気づけるのか……ということです。

気づきがなければ、行動には移せません。

道具を磨いたり、環境を整えたりすることは、グラウンドでのプレーにも必ずつながっていきます。

私が指導者をしていた時代から、強豪校はデータ分析を当たり前のように取り入れていました。動画を簡単に撮れるようになり、さまざまな機器が開発されている今は、もっと細かい分析が進んでいるはずです。

数字、映像を分析することはたしかに大事ですが、すべてはその試合が始まる前までのデータにすぎません。試合が始まってみると、「あれ？　前の試合までとは違うぞ」ということが必ず起こりえます。

データどおりに戦いを進めていこうとすると、相手の変化に気づくのが遅れ、臨機応変の対応ができなくなってしまいます。どれだけ、優れたアナリストがいたとしても、グラウンドで戦うのは人と人。そのときどきの感情によって、プレーが変わることがあります。

だからこそ、大事になるのは変化に気づくことです。

それをグラウンドだけで養うのは難しいので、日常の中で磨いていく。強豪校になるほど、道具の管理や清掃が行き届いているように思いますが、野球の強さと無関係ではないと思います。

得意分野の指導を選手に任せる

ボールの管理など以外では、3年生に下級生の指導を任せることもありました。総合的な野球の技術は仲間に劣っていても、走るのは得意、内野のフィールディングは誰にも負けないなど、部員一人ひとりには何らかの特徴があります。秀でた武器を持っている選手には、「下級生に走り方を教えてやってくれ」とお願いしていました。人に教えることによって、「自分も誰かの役に立っている」という実感を得やすく、チームの中での存在意義を高めることができます。最近の言葉を使えば、「自己肯定感」と表現することもできるでしょう。こうしたことから自分の居場所を見つけると、チームに対する責任感が生まれてくるものです。

甲子園で優勝することが大きな目標でありましたが、レギュラー陣だけが喜ぶ優勝では、高校野球の意味がありません。

大会に入れば、バッティングピッチャー、ボール拾い、対戦校の偵察など、サポートメンバーの力が必要になり、誰か一人でも欠けると、チーム運営は成り立たなくなります。スタンドで団旗を持つのも、野球部の立派な仕事です。

「野球を続けていて良かった」「大阪桐蔭の野球部で良かった」と思うことができれば、大学でも野球を続けたり、野球に関わる職業を目指したり、次の道に前向きに進むことができます。

私は、野球を心から好きな選手が一人でも多くいるチームのほうが、勝負所で力を発揮できるのではないかと思っています。

小さい頃は好きで始めた野球であっても、さまざまな壁にぶち当たり、嫌いになってしまうこともあります。嫌いにさせるようなことがあれば、指導者として失格です。好きな野球をもっと好きになってほしい。そうしたチームを目指していました。

チーム力を上げる人材育成のポイント

自分の居場所を見つけることで人は責任感を持つ

23

見られているのではなく、見せる自分であれ

主体的に自分の意思を表現する

優れた人材を集めても、その後の成長がなければ組織が強くなることはありません。高校野球でも、能力に優れた中学生が入学してきても、高校3年間でのさらなる成長がなければ、日本一を勝ち取ることができません。

彼らが持っている潜在能力をどこまで開花させることができるか。監督、部長、コーチの手腕にかかっています。

このあたりはPL学園のすごさでもあるのですが、鳴り物入りの新入生がその期待どおりに成長していました。「厳しい環境で勝負したい」と決めた時点で、ほかの高校の新入生とは覚悟が違っていたのかもしれません。

その一方で、私自身は「PL学園という伝統校の重圧に負けてしまった」と思っています。

キャプテンを務めさせてもらったこともあり、「甲子園に行くのが当然。勝って当然」という周りの目や声を気にしながらプレーしていました。最後の夏、大阪大会で近大付に負けたあと、悔しさだけでなく、ホッとした気持ちになったのはそのためです。〝PLのキャプテン〟の重圧に打ち克つほどの強い心が、あの頃の私には備わっていなかったのです。

指導者になってから感じたのは、「周りを気にしているうちは活躍できない」ということです。夏の勝負所で活躍する選手は、誰かに見られることではなく、「おれのプレーを見てくれ！」と見せることを意識しています。自分自身が主体であり、それだけの自信を持っているとも言えます。

そこに気づいてからは、「あれもできます、これもできます。こういうことをしたいです」と、主体的に発信できる選手を育てることが大事だと思うようになりました。

〝見られている〟と思うと窮屈に感じる

〝見られている〟と思うと何か窮屈に感じますが、〝見せる〟となるとポジティブに動ける感じがしませんか？

この感覚は、企業で働いている方のほうがわかるかもしれません。心の底では、もっとやりたいことがあるのに、上司の目が気になってどうにもやり切れない。「上司に怒られないように、機嫌を損ねないように」が優先順位の第一になると、仕事をしていても楽しくないですし、ずっと緊張しながら職場にいることになります。

上司に対して、「今、私はこういう考えがあって、これに取り組んでいます」と堂々と言えたほうが、仕事へのやりがいも増していくでしょう。それに、自分で決めたことであれば、責任感も愛着も湧いてくるはずです。

まったく同じことが、高校野球にも言えます。監督やコーチの目ばかり気にしていたら面白くないですし、持っている能力を存分に発揮することも難しいでしょう。

先ほどのボール管理でも、指導者が「そのボールはまだノックで使えるんじゃないか？」と聞いたときに、「いえ、これはもう縫い目がほつれているので、ノックでは難しいです」と、意思表示できる。そんな選手であってほしいと私は思います。

チーム力を上げる人材育成のポイント

メンバーが主体的に発信できるようにならないと潜在能力は埋もれたままになる

24

自立できないメンバーに成長はない

メンバーの声に耳を傾けないリーダーが指示待ち人間をつくる

私は、選手の気持ちや想いをできるだけ聞くように心がけていました。

「どんな選手になりたいんや？」

「今日の負けの原因は何だと思う？」

「チームがうまく回るためにはどんなことが必要？」

質問を投げかけることで、どんな選手であっても、自分の頭で考えるようになります。これが、「バントができないから負けたんや。しっかりやれや！」「ハイ！」で終わっていては、何も生まれません。

指導者によっては、「ハイ！」が高校球児らしい返事と思う人もいるかもしれませんが、本当にそうでしょうか？

結局のところ、自分で考える習慣をやめることによって、監督やコーチに指示されなければ動けない〝指示待ち人間〟をつくることになるのです。そうなると、主体的に発信することはなくなり、結果的に周りの目を過剰に意識しながらプレーすることになります。それでは、持っている力を存分に発揮できるわけがありません。

自分のことは自分でする

指導者として、数えきれないほど多くの高校生を間近で見てきた私は、「高校で伸びるのはどんな子ですか？」と聞かれることがよくあります。技術的な要素を置いておくのであれば、私はこのように答えています。

「自分のことを自分でする子です」

小学生や中学生のお子さんを持つ方であれば、家庭の中で「自分のことは自分でやりなさい！」と注意することがあるかもしれません。

これは高校生にも当てはまることです。食べたあとの食器を自分で片付けて洗う、汚れたユニホームを自分で洗濯する、自分が守るポジションは責任を持って整備するなど、決して難しいことを求めているわけではありません。

それでも、周りから言われなければできない生徒がいます。ついつい後回しにして、やるべきことを溜めてしまう生徒もいます。

実家にいるときに、親がほとんどのことをやってくれていたのでしょう。生徒本人を見ていると、ここに至るまでの生活習慣までわかってしまいます。

求めることを一言で表現すれば、「自立」です。

高校生ですから、金銭面に関しては親のサポートが必要になりますが、それ以外のことはたいていできるはずです。自分のことは自分でやるようになると、うまくいったこともうまくいかなかったことも、自分自身にベクトルが向きます。

誰かのせいにはできません。だからこそ、うまくいかなかったときには、「次にどうすればいいのか」を本気で考えるようになるのです。

この思考がとても大切で、自立している選手は自主練習に取り組む質にも高いものがあります。自分の特徴や課題をしっかりと把握できているからです。

チーム力を上げる人材育成のポイント

自分自身にベクトルが向くと人は本気で考えるようになる

25

基礎あっての応用。ルールを知る本当の意味

時代が変わっても基礎基本は変わらない

野球の面で特に大事にしたのが、基礎基本の徹底です。

能力の高い高校生になってくると、派手なプレーに憧れを持ちがちですが、土台となる基礎があってこそ、公式戦の大事な場面でできるようになるものです。

「基礎の先に応用がある」

選手に繰り返し伝えていたことであり、これは時代がどれほど変わっても不変であるはずです。

野球というスポーツは、走攻守＋投手の4つに分けて考えることができます。それぞれに基礎があり、基礎ができてこその応用になる。すべての土台となるのは正しい走り方の習得で、走れない選手に優れたアスリートはいないものです。

バッティングを例に挙げると、基礎基本となるのがトスバッティングになります。投手と打者の1対1で、ワンバウンドの打球をピッチャーに的確に返していく。インコースでもアウトコースでも、ピッチャーにまっすぐ返せるかどうか。体の内側からグリップを出し、ヘッドをセンター方向に伸ばしていかなければできない技術です。

鶴岡さんの時代のPL学園は、30球を1セットとして、毎日3セット繰り返していました。ピッチャーにワンバウンドで返らなければ、1本としてカウントされません。大阪桐蔭のやんちゃ軍団にこれをさせると、途中で飽きてしまうので、30球1セットで十分です。3年生になってから、ほとんどの選手がノーミスでクリアできるようになっていました。それを見たとき、「甲子園でも戦えるバッティング技術が身についた」と思ったものです。

ルールを知り、野球を知る

私の考えのもととなっているのは、『鶴岡ノート』です。

ノートからさまざまな教えを受けましたが、一番衝撃的だったのは、「ルールは守るものであり、破ろうとするものではない」という考え方です。意図的に破ってはいけないが、守ろうとする行為であれば認められる。「ルールブックのギリギリのところで野球をしなさい」と、よく言われていました。

鶴岡さんがよく事例に出していたのが、一塁ベースを巡る攻防です。

ファーストが一、二塁間の打球を捕球し、ベースカバーのピッチャーにトスをする投内連携のプレーをイメージしてみてください。ピッチャーは、走者に足を踏まれないようにベースの端を踏むのが基本ですが、間一髪のときにはどうしてもベースの中央部分を踏んでしまうことがあります。

走者の心理で考えると、ピッチャーの足をケガさせないように、減速したり、踏む場所を咄嗟に変えたりしがちですが、ベースを踏みにいく行為の中で足を踏んでしまう分には、ルール違反ではありません。

「ルールブックの盲点」という表現が合っているかはわかりませんが、当時の大阪桐蔭ではミーティング時に、「こういうプレーもじつはOKなんや」と実例を出しながら教えていました。

PL学園のときはルールブックを暗記できるぐらいまでに読むのが当たり前でした

が、さすがに大阪桐蔭ではやりませんでした。彼らに同じことを求めたら、野球が嫌いになってしまうかもしれなかったからです。

とはいえ、ルールを知らなければ、野球はできません。

ＰＬ学園時代、雨が降ると、鶴岡さんによるミーティングが開かれました。ルールブックとノートを持ち込み、野球の勉強をする時間です。鶴岡さんから名指しされた選手が、ルールブックを読んでいきます。

「で、どういう意味や？」

一気に緊張感が走ります。第三アウトの置き換えやアピールプレーなど、複雑なルールになるとうまく答えられません。

「お前ら、毎日のミーティングで何をしているんや。キャプテンのお前がわからんのか、それともこいつらがわからんのか、どっちや？　ちゃんとミーティングをしておけ！」

そのたびに、キャプテンである私が呼び出されて、何度も怒られました。

こうした経験があるので、当時のＰＬ学園の選手はルールブックがボロボロになるまで読み込んでいました。まさに、ルールこそ、野球の基礎基本です。

甲子園を見ていると、インフィールドフライの解釈を間違うなど、「ルールを知っていれば防げたのに」というプレーが起きることがあります。

頭ではわかっていたとしても、野球選手としては、グラウンドで表現できなければ意味はありません。

頭で覚えるだけでなく、体でも覚える。

PL学園出身の選手がプロの世界でも数多く活躍できた理由のひとつは、高校時代に基礎基本を徹底的に学んでいたからだと思います。

チーム力を上げる人材育成のポイント

ルールは守るものであり、破ろうとするものではない

26

自分のための「徳」を積め

善悪の規範となる「道徳」の教え

選手一人ひとりが思いやりの心を育み、強い組織をつくっていくには、「規律」が必要になります。規律は「ルール」とは違うもので、「人の行為の基準として定められたもの」と考えることができます。

ＰＬ学園においては、この規律を、「野球道」として捉えられていました。剣道、柔道、華道、茶道のように、日本古来の伝統的なものには〝道〟が付きます。つまり、野球道とは、とてもシンプルに言えば、野球を通じて、生きる道をつくり上げていく。野球を終えたあとにもつながる土台を、高校の3年間でつくっていくということです。

鶴岡さんは、この生き方を「球道即人道」として表していました。もとは、ＰＬ教団の教えですが、野球の道は即ち、人生の道ということです。

私自身は、野球道の〝道〟は、道徳の〝道〟にもつながるものだと考えていました。

道徳は善悪の規範であり、社会性とも密接に関わってくるものです。日本の教育の根底にあるものは、道徳教育だと思っています。子どもの頃から、善悪の価値観をしっかりと教育していくことによって、集団で生きていくうえで必要な社会性を身につける。道徳観が備わっていないと、組織の中で足を引っ張る存在になります。

徳を積み重ねる大切さ

ＰＬ学園の強さはこの道徳観にもあったと言えますが、その教えのひとつに、「徳を積む」があります。「善行を積む」「良い行いを重ねていく」との意味であり、それが回り回って、世のため、人のため、そして自分のためになるという思想です。

ゴミを拾うこと、身の回りを整理整頓すること、人を気遣うこと、人として当たり前にすべきことを自らの意思で続けていく。野球で言えば、グラウンドの石を拾うこと、自らの手でグラウンドの土をならすことも当てはまります。

もっとわかりやすく言えば、大谷翔平選手が日常的に実践していることです。

今、私は子どもたちにも野球を教えることがありますが、「大谷選手を目指そう」

と伝えています。投打で見せる圧倒的なパフォーマンスだけではなく、グラウンドで見せる所作やふるまいに、日本人の良さが表れているからです。

大谷選手も活躍した2023年のWBC（ワールドベースボールクラシック）では、侍ジャパンの試合後のロッカールームが世界中で話題になりました。ゴミひとつ落ちていない状態で、御礼の手紙まで書き添えてあったからです。サッカーのW杯（ワールドカップ）でも、日本代表が同じように注目を集めていましたが、日本人にとっては当たり前のことであっても、世界では驚きをもって報じられるのです。それだけ、幼少期から日本の道徳教育がしっかりと根づいている証と言えるでしょう。

野球の神様は存在する

私は、「野球の神様は存在する」と思っています。

おそらく、PL学園で育った選手の多くはその存在を信じているのではないでしょうか。神様がいると思えば、自分の行動を律するようになり、徳を積むことも日常的にできるようになっていくと思います。

私が野球の神様の存在を心から実感したのは、高校1年生の夏の甲子園です。木戸さんや西田さんら先輩が、「逆転のＰＬ」と呼ばれるほどの奇跡的な逆転勝ちの連続で、初めて日本一を成し遂げました。

私は、木戸さんと同じ部屋だったため、大阪大会からなかなかバッティングの調子が上がらずに苦しんでいる姿を、間近で見ていました。木戸さんは毎朝、ほかの選手よりも早く起きて、学校近くにある５００メートルほどの静かな参道を掃除されていました。心の乱れをなくし、平常心を保つための掃除だったと聞きます。

まさに、〝徳を積む〟行為です。人がやらないようなことを、チームの中心であるキャプテンが率先して行う。これもまた、ＰＬ学園の教えです。「野球の神様なんていない」と思えば、こうした行動に出ることもなかったのではないでしょうか。

木戸さんの姿を見ていたこともあって、自分自身も、誰もがやらないことを毎日続けようと決意しました。練習後、チームメイトと一緒に、グラウンドを1周走る。それをどんなときでも続けていく。自分たちの代では甲子園にたどりつけませんでしたが、決めたことをやり通せた自負は持っています。

「三日坊主」という言葉があるように、何事も始めることよりも、やり続けることのほうがはるかに難しさがあります。それだけに、小さなことでもいいのでコツコツと続けていけば、やがて大きな自信となって返ってくるものです。

大阪桐蔭の選手にも、「野球道」「徳を積む」といった話を何度も繰り返し伝えた記憶があります。

「徳を積んだんですけど、返ってきませんでした！」と言ってくる選手もいましたが、見返りを求めたら何事もうまくいきません。ですから、そんなときは「将来、お前が人生の分岐点に立ったときに返ってくるから、楽しみにしとけ」と伝えていました。

目には見えない心構えや思考――すなわち道徳教育こそ、組織をつくるうえで欠かせない要点になると思います。

チーム力を上げる人材育成のポイント

すべきことをやり続ければ大きな自信となって返ってくる

第4章

日本一チームへと
進化するために必要なこと

27

負けることで強くなるチームになれるか

勝つだけではチームは強くはならない

日本一を成し遂げられるだけの選手をリクルートし、野球が存分にできる環境を整え、個の育成に力を注ぐ。そのうえで、日本一を獲るために必要となるのが、チームの強化であり、進化です。

能力が高く個性が強い選手が揃うほど、一つにまとまるのが難しく、「能力は高いのに、接戦になると脆《もろ》い」と言われるチームになりがちです。

初めて全国制覇を成し遂げた世代の大阪桐蔭も、そうなる可能性がありました。玉山や井上を中心に、「おれらは日本一になれるんだ」と思って戦ってはいましたが、本当に〝負けない強さ〟をつけたのは、一つの敗戦を経験してからです。

3年間の歩みを振り返ってみると、1年生（1989年）の夏は大阪大会の5回戦で四條畷に2対3、2年生の夏も5回戦で北陽に0対5で敗れ、ベスト8に入ることができませんでした。日本一のときの主力メンバーの多くは下級生のときからすでに試合に出場し、甲子園出場を逃す悔しさを経験しています。

しかし、本気で悔しがっていたかとなると、決してそうではないと思います。「勝負は自分たちの学年」と、どこかで割り切っていたところがあるはずです。

2年生のうちから、「この夏が最後」という気持ちで戦うことができれば、もっと強いチームになると思いますが、そこまで成熟した高校生はめったにいません。1年、2年、3年と、高校野球の終わりが見えていく中で、練習に対する取り組み方が変わっていくのです。

玉山がキャプテンに就いた新チームは、秋の大阪大会の準々決勝から大商学園、浪速、近大付とすべて2点差以内の接戦をモノにし、見事に初優勝を飾りました。近畿大会では準決勝で天理に0対1で敗れたものの、この時点でセンバツはほぼ決定。入学してから、実質2年で甲子園を掴み取ったわけですから、たいしたものです。

翌春のセンバツでは、1回戦で和田がノーヒットノーランの快投を見せ、10対0で仙台育英に快勝すると、2回戦でも伝統校・箕島に6対4で勝利。

「おれらはいけるんや！」と勢いに乗っていましたが、勝負はそんなに甘くはありません。準々決勝で松商学園のエース上田佳範投手（元中日）に封じ込められ、0対3の完敗を喫しました。

3年春の大阪大会がターニングポイント

私が注目していたのは、負けたことによってチームがどう変化するかでした。

センバツの敗戦で変わったかとなると、そうではありません。「春から日本一になれると思っていた」と、あとで玉山や井上から聞きましたが……。彼らの様子からは悔しさ以上に、ベスト8にまで行けた満足感のほうが先にあったように感じます。

チーム全員が心の底から、「変わろう。変わらないと夏も勝てない」と気がついたのは、センバツのおよそ1カ月後に行われた春の大阪大会の準々決勝です。

ベストメンバーで臨み、背尾、和田の必勝リレーで臨んだにもかかわらず、上宮に1対2で敗れました。ここが、大きなターニングポイントでした。

前年秋は大阪王者だったチームが、半年後にはベスト8で敗退。

ようやく、主力メンバーの尻に火がつきました。

監督や私がどれだけ、「お前ら、このままでは夏に勝てんぞ」と言っても、選手自身が心の底から実感していなければ、絶対に変わりません。

どのようにして気づくかとなると、悔しい負けを経験するしかないのです。

仮に、上宮に勝ち、春の大阪大会でも優勝していたら、夏の日本一はなかったと断言できます。

私は、〝勝って学ぶことより、負けて学ぶことのほうがはるかに大きい〟と思っています。

戦国武将・北条氏綱が遺した言葉に「勝って兜の緒を締めよ」がありますが、高校生の場合、勝った喜びのほうが先に来て、試合で起きたミスに正面から向き合うのは難しいところがあります。しかし、負けた試合であれば、どこかに必ず敗因があり、そこに向き合わざるを得なくなります。

表現が適切かわかりませんが、日本一を目指しているのなら、どこかで負けを経験することも大事なのです。

そもそも、新チームから最後の夏まで勝ち続けるチームなど、高校野球の歴史でも稀な話です。

私は、強豪校との練習試合でも、「ここで負けたほうがこいつらのためになる」という視点を持ちながら、ベンチに入っていました。ただやはり、練習試合と公式戦では、負けることに対する受け止め方が違うのです。

選手同士で厳しい声が飛び交う

上宮に負けたことで、チームの何が変わったのか。

一番わかりやすかったのは、選手ミーティングの中身でした。

「やるんやったら、しっかりやろうや。このままやったら、夏も勝てんぞ」

キャプテンの玉山や、副キャプテンの井上、キャッチャーの白石幸二からこうした声が盛んに出るようになりました。選手の口から、自発的に出てくるところに意味があります。

そこから、チーム全体のギアが一つ上がり、日本一に対する熱量が明らかに高くなってきました。「おれらは日本一になるために大阪桐蔭に来た」という原点を思い出してくれたように感じます。

正直な話、新チームですぐに大阪を制し、センバツでもベスト8に入ったことで、天狗になっていた選手はいたと思います。

「甲子園で勝ったんだから、大阪では負けんやろう」

それが、上宮に負けたことで、「おれらは、自分たちが思っているほど強くないわ……」と気づけたのではないでしょうか。

もともと、個性豊かで能力は高いチームです。あとは、チームがどれだけ一つになるか。ポイントはそこだけでした。

第1章で紹介したとおり、玉山には「無理にまとめようとしなくていいから」と常々話していました。それは、何かの敗戦を機に、勝手にまとまるのが理想だと思っていたからです。

そういった意味では、おかしな話ですが、チームに危機感をもたらしてくれた上宮に感謝です。

ただし、負けることが大事といっても、勝つ喜びを知らなければ、その悔しさはさほど大きな意味を持ちません。いつも負け続けているチームは、負けることに慣れてしまっているからです。その場合は、たった一つの勝ちが大きな意味を持つことになります。

PL学園にも大阪桐蔭にも通じていたのは、〝勝利に貪欲な集団〟だったということです。勝ったときの喜びを知っている分、負けたときの自分たちを許せない。だからこそ、本気で「次は負けたくない」と思うのです。

日本一チームに進化するポイント

負けることに危機感が生まれなければチームは進化しない

28

思考力・判断力をつくる空間を大事にする

仲間同士の横のつながりを深める

3年春の上宮戦が大きなターニングポイントになったのは間違いありませんが、じつは、その前後にも練習試合でいくつもの負けを経験しています。負けたあとに必ず行っていたのが、選手主体のミーティングです。私と監督は遠くから見守り、あえてその輪には入らないようにしていました。

放置しているわけではなく、大人がそこに入ってしまうと、選手同士の関係が崩れてしまうことがあるからです。私たちが入ると、選手対選手で話し合ってほしいところが、大人対選手という構図になりかねません。

監督や部長の目が気になって、それこそ〝見られている〟という余計な緊張感を覚えてしまう選手もいます。

「指導者は、選手だけの空間を大事にしなければいけない」

チームを強化していくうえで、私が大切にしていた心構えのひとつです。特に同学年、あのときの大阪桐蔭で言えば、3年生の横のつながりを強くしないことには、チームの進化はないと思っていました。

つながりを深めるには、お互いに思っていることを言い合うしかありません。多少、言葉が激しくなろうが構いません。「チームを強くしたい」という方向性が一致していれば、必ず意味のある時間になるはずです。

指導者はテーマを投げかける

では、指導者はただ黙って見守っていればいいのかとなると、それもまた違います。

私の場合は、ミーティングが始まる前に、話し合いのきっかけだけは与えるようにしていました。

たとえば、バント守備で負けたのであれば、「投内連携の声かけがどうだったのか、もう一度確認したほうがええんやないか？」と投げかけておけば、彼らもそれを踏まえたうえでミーティングに入ります。

一番やりたくなかったのは、「やる気はあるのか！」と怒鳴るような説教を30分も1時間も続けることです。

選手はほとんど聞いていませんし、次につながるミーティングにもなりません。それだけの時間があるのなら、選手だけで本音をぶつけ合ったほうが、はるかに意味があります。

その内容もすべてチェックするのではなく、寮の風呂にでも入りながら、キャプテンや副キャプテンに、「どんな話になった？」と聞いておけばいいのです。

この根底にあるのは、〝グラウンドで野球をやるのは選手〟というスタンスです。何を当たり前のことをと思うかもしれませんが、それを忘れてしまっている指導者がいるのも事実です。

大歓声の中で試合をする甲子園球場では、ベンチからの監督の声は、グラウンドの選手にはほとんど聞こえません。

攻撃中のブロックサインも、甲子園の緊張感の中ではそう簡単に決まるものではありません。ベンチから細かい指示を出したところで、どうにもならないことがたくさんあるのです。

極論かもしれませんが、「プレイボール！」の瞬間には、勝敗の行方は選手たちに委ねられていると考えることもできます。

そうなったときに求められるのは、選手の力です。

私たちには、選手を信じて、あとはベンチで見守ることしかできません。

２０２３年のＷＢＣ準決勝、メキシコ戦の最終回のチャンスで、栗山英樹監督は村上宗隆選手（ヤクルト）のバッティングを信じて、自由に打たせました。私が偉そうに言える立場ではないですが、栗山監督の気持ちは十分にわかります。

あれだけの場面になれば、細かい作戦をしかけるのではなく、自チームの選手を信じるしかないのです。

甲子園で優勝するチームの戦いぶりを思い出してみてください。監督が全面に出て、細かいサインで選手を動かしているチームが勝っているでしょうか？

グラウンドで頑張るのは選手です。いつも自分たちの思いどおりにプレーができるわけではなく、戦っていく中で苦しい場面が必ずやってきます。そのときにこそ、日頃の選手ミーティングで培ってきた仲間同士の横のつながりが生きてくるのです。

敗戦からの学び方

なぜ、負けたのか。負けた中でももっとできることがあったのではないか——。選手同士で、このあたりを深く考えられるようになれば、敗戦の価値がより上がっていくのは間違いありません。

たとえば、0対5で最終回の攻撃を迎えたとします。確率的には90％以上は、負けの展開です。でも、球審が「ゲームセット！」を宣告するまで、両校に勝つ可能性もあれば、負ける可能性もあります。「あきらめたら試合終了」とはよく言ったもので、本当にそのとおりだと思います。

5点差の先頭打者が、初球に高めのボール気味のストレートを打って、惜しい当たりの外野フライで終わったとします。「惜しいなぁ、もうちょっとでホームランだったのになぁ」と思っているうちは、ひとりよがりのバッティングと言えるでしょう。

この展開で求められるのは、先頭打者のソロホームランではなく、出塁です。そのためには、2ストライクまで待つこと、ボール球には手を出さないこと、あるいは自分が絶対に打てるコースだけを張っておくことなど、出塁できる可能性を少しでも高める準備をしておかなければなりません。

一人ひとりが、1回表の1球目から、このように考えたプレーを追求していけば、鶴岡さんが理想にしていた〝負けにくい野球〟を実現させることができます。勝負の分岐点はどこにあるかわかりません。

相手があることですから、勝ち負けが付くのは仕方がありません。プロ野球でも、どんなに強いチームであっても、1年間戦えば、50〜60回は負けるものです。それが、野球の面白いところでもあります。

大事なことは、「やれることをやったうえでの勝ち負けだったのか？」ということです。逆に言えば、結果オーライの勝ちもあるわけです。

私は、グラウンドだけでなく、寮で一緒に食事をしたり、風呂に入ったりする時間を使って、「あの場面、1球待ったほうが良かったんじゃないか？」など、野球の話をたくさんしていました。

その言葉が、選手の胸にどれだけ響いたかわかりませんが、「こういう見方もあるのか」と思ってほしかったのです。

技術や体力のレベルが高まってくれば、あとは思考力や判断力が勝敗を分けることになります。そこに磨きをかける場のひとつが、自分たちだけで考える空間です。その場をつくることも指導者の役割でもあります。

そして、高校時代から思考力や判断力を身につけておくことで、長く野球を続けることにもつながってくると考えていました。

日本一チームに進化するポイント

指導者は課題を与え、選手は自分たちで答えを出す

29

チームの変化は練習の工夫に現れる

頭よりも先に体が反応するまで練習

ミーティングによる選手の意識の変化は、その後の練習を見ていればわかります。ミーティングで出た課題に対して、どんな練習をすれば、克服することができるのか。それを彼ら自身で考えるようになるからです。

たとえば、投内連携に不安があるのであれば、「ノックで連携プレーの打球を数多く打ってもらえませんか？」と選手のほうから要望が出てくるようになります。

こうなれば、しめたものです。指導者の指示を聞く受け身の練習から、自分たちの意思を重視した主体的な練習に変わっていきます。ときには、厳しくやらされる練習も必要ですが、公式戦の前となれば、彼らの意思を大事にしてあげたほうがチームはうまく回っていくものです。

指導者視点でお話しすると、ノックで大事なことは、「頭で考えるよりも先に、体が反応するような状況をつくる」ことです。

試合前のシートノックでは、形式的に、サード、ショート、セカンド、ファーストと順々に打っていき、1周目は打者走者をファーストでアウトにするやり方が一般的です。

試合前はあくまでも、グラウンド状態の確認や、体を動かすことに意味があり、あの場で技術的な向上を目指すわけではありません。

しかし、日頃の練習でシートノックのような形式的なことをやっていたら、試合で生かせる守備力はなかなか身につきません。

打球が飛んでくるポジションも、投げる場所も最初から決まっているので、慣れてしまえば、守るときにプレッシャーがかかることがないからです。レギュラークラスの選手なら、難なくこなしてしまうでしょう。

当然ですが、試合になれば、1球ごとに状況が変わります。

ストライクカウント、アウトカウント、得点差、走者の状況、打者の足の速さなど、あらゆることを考えたうえで、「この打球の強さであれば、ここに投げる」と最善のプレーを選択することになります。

たとえばサードゴロが飛んだとしましょう。無死や一死で走者が一塁にいたとしたら、ゲッツーを狙いにいくという選択もあれば、ファーストで確実に1つのアウトを取るという選択もあります。

すなわち、「頭で考えていたことを、体で実践する」。

そのためには、試合を想定したランナー付きのノックを数多く行い、何か気になるプレーが起きたときには、「今のプレーで良かったのか？」と選手同士で確認し合う必要があります。

はじめは、監督やコーチがプレーを止めて選手を集めて話し合いますが、成熟したチームになっていけば、選手たち自身でタイムを取って、話し合いをするようになります。

こうした練習は、負けたあとのほうが効果を生みやすいと言えます。

特に、守備の連携ミスや判断ミスが失点につながったときには、選手たちも「あのプレーが敗因のひとつ」と自覚しているため、練習への気持ちの入り方が変わってくるからです。

そういった意味でも負けることやミスすることは重要であり、それをどう次に生かすかがさらに重要になるのです。

予想を裏切るメニューを組む

大阪桐蔭では、「点を取られなければ負けない」という鶴岡さんの野球を手本にしていたので、基本的には守備練習がメインになっていました。守備が安定し、余計な失点さえ与えなければ、相手がどんな強豪であっても試合が崩れることはないからです。高校野球で大差がつく試合のほとんどは、フォアボールやデッドボール、それにエラーが絡んだときです。ヒットを重ねられて大量得点を取られることはめったにありません。多くは、守備側の自滅が絡むことで、1イニングに3失点以上のビッグイニングをつくられています。

そうなると、練習は守備ばかりやっていればいいのではないかと思われそうですが、野球選手は守ることより打つことが好きな選手のほうが圧倒的に多いものです。そのため、守備ばかり練習していると精神的にきつくなってきます。

それに、「守備のミスはできない」という意識が高くなりすぎると、試合で動きが硬くなってしまうこともあります。


効果的な練習をするために私が工夫していたのは、選手たちにあえて練習メニューを予想させないことでした。

練習試合で守備のミスで負けた翌日、「今日もランナー付きのノックをやるんやろうな」という顔でグラウンドに来た選手たちに、「(バッティング)ケージを用意しておいて」と言うと、「え？　今日はバッティングがメイン？　よっしゃ、たくさん打てる！」と表情がパッと晴れます。


練習メニューを予想させないことで、練習の質も上がります。

毎日同じ練習を繰り返していると、一日の流れが体に染みついて、「キャッチボールのあとはノック、ノックのあとには走塁練習」と先を読めてしまうところがあります。

人間誰しも、同じことばかりやっていると慣れが生まれ、何となく練習をこなすようになりがちです。こうしたマンネリ化を防ぐ意味でも、選手たちが予想しないメニューを取り入れていました。

何事もバランスが大事

ただし、何をするにしてもバランスが大事で、やりすぎはよくありません。

予想しないメニューばかりを組んでいたら、選手たちからすると、「森岡先生は何を考えているかわからない」と不安を感じるようになるからです。

練習メニューは、基本的には、ある程度しっかりと計画を立てて、前もって伝えておくようにしていました。予想しないメニューは、練習にメリハリをつけるためのアクセントです。

事前に「週末に紅白戦をやる」と伝えておけば、ピッチャー陣はそこに向けての準備をすることができます。「今日はトレーニングが多い」とわかっていれば、ケガをしないように、アップやストレッチに時間をかける選手も出てきます。

計画どおりにやることもあれば、あえて崩すこともある。

このあたりは、練習試合の内容や、選手の疲れ具合を考えながら、臨機応変に対応するようにしていました。技術指導にも数多くの引き出しが必要なように、メニューの立て方一つとっても、指導者にはバリエーションが求められます。

そもそも、野球の試合そのものが自分の思いどおりにいかないものです。ストレートを狙っていても、そのとおりにボールが来ることは少なく、相手バッテリーは球種やコースで何とかタイミングを崩そうとします。

予期せぬ攻めをされたときに、うまく対応できてこそ、上のレベルでも活躍できる選手であり、チームです。そのために大切なことが、自分で考えること、そして自分たちで考えることなのです。

日本一チームに進化するポイント

強くなるチームは練習も進化する

30

まとまらない個性を一つにする存在

「あいつのために」という雰囲気をつくる

チームを進化させるテクニックとして、私は、あえて「怒られ役」をつくるようにしていました。

何かあったときに、その選手をあえて怒る。ある意味では、キャプテンや副キャプテンと同じぐらい重要な役割を担っています。おかしな表現になりますが、「怒られ役」がしっかりとしているときは、確実に強いチームになっていきます。

日本一世代で、私によく怒られていたのがピッチャーの背尾でした。練習態度や姿勢など、小さなことであっても、厳しい言葉をかけていました。

背尾は怒られても簡単にはへこたれない強さを持っていたので、大役を担ってもらったのです。もちろん、本人に「お前は怒られ役な」とは伝えていませんが、「何でおればっかり言われるんやろう」と薄々は気づいていたでしょう。

なぜ、チームの中で怒られ役の存在が重要なのか——。

それは、怒られている仲間の姿を目にすることで、「あいつのためにも頑張ろう」という気持ちが湧いてくるからです。怒られ役がいなくても、その気持ちが生まれるのが理想ですが、それを待っていると高校の2年半がすぐに終わってしまいます。

甲子園の決勝では、先発の和田が7回途中まで投げ、二番手のマウンドに背尾が上がりました。

仲間の想いはただ一つ、「ここまで頑張ってきた背尾を絶対に優勝投手にしてやろう！」。背尾もその期待に応え、終盤2イニングを無失点に抑えてくれました。本人はもちろん、仲間にとっても最高に嬉しい結果になったと思います。

まとめようとしないからこその強さ

「あいつのために頑張ろう」という気持ちも、結局のところは、人を思いやる心です。日本一世代は、本当に個性が強い選手が揃っていました。それは、中学3年生で声をかけたときから、私自身わかっていたことです。そこで描いた未来像は、「この個性を無理に潰して、一つにまとめようとしてはいけない。個性がぶつかり合う中で、結果的にまとまってくれたら強くなる」という考えでした。

統率の取れたチームづくりだけを考えれば、厳しい規律を決めて、その規律にはめこむような指導をしていったほうが、まとまりのいいチームができるかもしれません。「右向け右」で指導すればいいのです。ただ、これは見た目でまとまっているだけであって、それぞれの意思を出せずに我慢している場合も多くあります。

澤村は、甲子園でバントを決めたあと、「何で、こんなところでバントのサインなんですか」と私に言ってきたこともありました。しかし、そういう個性はむしろ歓迎で、できるだけその個性を消さないように思っていることをどんどん主張させていました。

プラスとプラスの要素がぶつかり合えば、ときに弾き飛ばされて問題が出ることもありますが、より大きなエネルギーを生み出すと信じていました。

日本一チームに進化するポイント

個性あふれるチームには「あいつのために頑張ろう」と思える存在が必要

31

奇跡は仲間を信じるところに生まれる

あと1アウトからのミラクル逆転勝利

3回戦

大阪桐蔭	0	0	0	0	0	0	1	0	2	0	1	4
秋田	3	0	0	0	0	0	0	0	0	0	0	3

日本一を目指した夏の甲子園は、ミラクルの連続でした。もっとも苦しんだのが、3回戦の秋田戦です。初回に、背尾が3点を失うと、相手投手の緩急自在のピッチングに苦しみ、6回まで無得点。7回にようやく1点を返したものの、9回表の攻撃も2アウト走者ランナー無しにまで追い込まれました。おそらく、私だけでなく、ベンチにいた選手の中にも敗北がチラついた者もいたと思います。しかし、ここからとてつもない底力を発揮してくれました。

チームでもトップクラスの気持ちの強さを持つ澤村が左中間を破る三塁打で出塁すると、続く白石がライト前タイムリーで1点差に。

3回戦、対秋田11回表、澤村勝ち越し本塁打。大会史上3人目のサイクル安打を記録
提供／朝日新聞社

さらに、足立昌亮のヒットでチャンスを広げると、打撃はさほど期待していなかった和田が値千金の同点タイムリーを放ち、下位打線の4連打で同点。

彼らに常々話していたのは、「負けているときは絶対に最後のバッターになるなよ。次のバッターを信じて、つなぐ気持ちを大切にしなさい」。後ろにつなごうと思えば、ボール気味の球を強引に振るようなことがなくなるものです。

人間の心理として、「おれが何とかしてやろう」と思うと、余計な力みが生まれやすくなります。追い込まれたときに、余計な力が入ってしまうのは無理もないですが、そんなときこそ、あとに控える仲間を信じる気持ちが必要になるのです。

一戦一戦強くなる甲子園の力

10回裏には、あわやサヨナラ負けのピンチを迎えましたが、センターの玉山がホームにストライク送球を放り、タッチアウト。「練習でもこんな素晴らしい送球があっただろうか?」と思うほどのビッグプレーでした。

こうなると、うちの流れです。11回表、先頭の澤村がライトラッキゾーンに決勝ソロを叩きこみ、4対3で熱戦を制しました。澤村はこのホームランで、サイクルヒットを記録し、甲子園の歴史に名を残しました。私は、ベンチで戦況を見ながら、「チームが一つになるとは、こういうことなのか」と実感しました。1球、ワンプレーに全員が集中し、周りのチームメイトに声をかけ合っている。甲子園の大舞台ゆえの緊張感、緊迫感が、彼らを一回りも二回りも逞しくしてくれたのです。

日本一チームに進化するポイント

追い込まれるほど必要となるのが仲間を信じる気持ち

32

「目立ちたがり屋」の精神を歓迎する

井上が見せたスーパーキャッチ

準々決勝

	1	2	3	4	5	6	7	8	9	計
帝　京	0	2	0	0	0	0	0	0	0	2
大阪桐蔭	3	0	0	0	0	0	2	6	×	11

準々決勝の帝京戦では、今も語り継がれるスーパープレーが生まれました。

3対2でリードした6回表、帝京のバッターが打った瞬間にレフトスタンドに入りそうな大飛球を放ちました。

しかし、レフトからの強烈な向かい風にボールが押し戻されてくると、レフトの井上がラッキーゾーンによじ登るようにして、この打球を好捕。ホームランを奪い取る超美技で、同点のピンチを防いでくれました。

当然ですが、練習では一度もやったことがないプレーです。そもそも、ラッキーゾーンによじ登る練習なんてできませんから。

準々決勝、対帝京6回表。本塁打性の打球をフェンスによじ登ってキャッチする井上

飛球を懸命に追っていく中で、体が無意識に反応していたのでしょう。1球に対する執念や集中力があったからこその、ファインプレーだったと思います。

7回裏には、その井上が右中間にホームラン。試合を通して、右中間方向に風が吹いていて、うちにとっては攻守ともに追い風になっていました。

なお、甲子園球場のラッキーゾーンはこの大会を最後に撤去されています。井上の「ホームランキャッチ」は、もう二度と生まれることがありません。

今風に言えば、井上は〝持っている男〟だったのでしょう。

準決勝

	1	2	3	4	5	6	7	8	9	計
星　稜	1	0	0	0	0	0	0	0	0	1
大阪桐蔭	0	2	0	0	3	0	2	0	×	7

決勝

	1	2	3	4	5	6	7	8	9	計
沖縄水産	0	1	5	1	0	0	1	0	0	8
大阪桐蔭	2	0	2	0	6	2	0	1	×	13

準決勝では、松井秀喜選手（元ヤンキースなど）がいた星稜に7対1で快勝すると、決勝では沖縄水産との壮絶な打ち合いを制し、13対8で勝利しました。

4回を終えた時点では、4対7の劣勢でしたが、ベンチの誰もが負けるとは思っていなかったはずです。それだけ、チームは勢いに乗り、日本一に向けて一つになっていました。

5回裏に、初回に大会3本目のホームランを打っていた萩原がヒットで満塁にすると、絶好調・澤村の走者一掃の二塁打、白石、足立、和田の3連打などで一挙に6点を奪い、試合の主導権を握りました。ノリのいい関西人が揃っていたので、もうこうなれば、うちのペースです。まるで大阪桐蔭のグラウンドでプレーしているかのような雰囲気で、甲子園球場でも伸び伸び伸びとプレーしていました。

「目立ちたがり屋」は大歓迎

なぜ、あの大舞台であれだけのプレーができたのか――。

根底にあるのは、「日本一になりたい」という大目標とともに、「おれが活躍して、お立ち台に上がる！」という目立ちたがり屋の精神だと思います。

あの舞台で、「打てなかったらどうしよう」「おれのミスで負けたら……」とマイナスなイメージを持っていたら、絶対に活躍できません。NHKで全試合中継される晴れ舞台だからこそ、自分のプレーを全国にアピールする。甲子園はそれぐらいの気持ちでいいのです。

甲子園の試合後には、テレビ局のリクエストで、活躍した選手一人がお立ち台に上がります。ある試合で、勝負を決めるタイムリーを放った元谷哲ではなく、ホームラ

第73回全国高校野球選手権大会決勝、対沖縄水産。壮絶な打撃戦の末、初出場で全国制覇の偉業を成し遂げマウンドに駆け寄る大阪桐蔭ナイン

ンを打った萩原がお立ち台に呼ばれたことがありました。すると、元谷が「今日のお立ち台はぼくじゃないんですか？」と聞いてきたのです。

「何や、お前、お立ち台に上がりたいんか？」と確認すると、「そりゃ、立ちたいですよ」「じゃあ、明日もっと打てや」というやり取りをしたことを今でも覚えています。

チームが日本一になるために戦っているのは間違いないですが、それだけでなく、「自分も活躍して目立ちたい」と思っていたのです。その気持ちがあったからこそ、彼らは頂点を掴めたのだと思います。

その一方で、決勝前にキャプテンの玉山が弱気の顔を覗かせたときもありました。前日の夜に、私のもとを訪ねてきて、「先生、ぼくの打率知っていますか？　明日、スタメンから外してください」と言ったのです。準決勝まで思ったような結果を出すことができず、本人はそこを気にしていました。

長沢監督のもとにも同じことを言いに行ったようですが、「そんなん気にするな」と言われたとのことでした。私も同じようなことを伝えました。

たとえ、ヒットが出なくても、守備や走塁、周りへの声かけなど、数字には表れにくいところで十分すぎる働きをしています。「結果は気にせずに、お前らしくプレーすればええやろう」と声をかけて、決勝の舞台に送り出しました。

自分が高校生の頃を振り返ると、玉山の気持ちもわかります。特に、玉山は一番を任されていたので、キャプテンとして、打つことで打線を引っ張りたいと思っていたはずです。あの木戸さんがなかなか結果を出せなかったように、主将マークを着けると、背負っているものが一気に重たくなるのかもしれません。

それを乗り越えて、掴み取った深紅の大優勝旗です。玉山を大阪桐蔭に誘い、そしてキャプテンを任せて、心から良かったと思いました。

日本一チームに進化するポイント

「おれがお立ち台に上がる！」その気持ちが頂点を引き寄せる

33

「平常心」で戦う準備を整える

心が落ち着くルーティンを準備する

甲子園のような大舞台になればなるほど、「平常心」でプレーすることの大事さを実感します。大阪桐蔭のグラウンドでできていることが、甲子園でも同じようにできれば、能力も意識も高い彼らが簡単に負けることはないと思っていました。

2000年以降、「メンタルトレーニング」という言葉が広く知れ渡るようになりました。いかに心を整え、目の前のワンプレーに集中していくか。過去のミスを引きずらず、まだ起きていない未来に余計な不安を感じすぎず、今やるべきことに集中する。各校がいろいろなアプローチを取っていると思います。

1991年当時、大阪桐蔭でもメンタルトレーニングに近いことを取り入れていました。夏の甲子園において、マウンド上の和田がポケットに右手を入れて、空を見上げたシーンが何度かありました。

あとでテレビ中継を見返すと、アナウンサーが「和田が空を見上げています。何かを呟いています」と実況しています。

じつは、和田のポケットには塩が入っていました。気持ちを切り替える動作のひとつとして、ピンチの場面が来たら、塩を触るようにとアドバイスをしていたのです。そのルーティンには、心を落ち着かせる狙いがありました。

アミュレットに込めた想い

和田のルーティンの原点となっているのは、じつは、ＰＬ学園で学んだ教えです。「ＰＬと言えば……」と、高校野球ファンの多くが思い出すのが、ユニホームの胸のあたりをギュッと握り締める仕草ではないでしょうか。

「お守りが入っているんですか？」とよく聞かれましたが、そのとおりです。首からぶらさげた、「アミュレット」というお守りを握り締めているのです。試合中だけでなく、練習中も常にアミュレットをかけています。

あの仕草を見ると、「打たせてください」と神様にお祈りしているように思われるかもしれませんが、そうではありません。「おやしきり」というPL信仰の基本のひとつを、心を込めて行っているのです。漢字で記すと「祖遂断」。「物事にしきって、お願いする」といったように使われることがあります。

さらに詳しく説明すると、「この打席が凡打であっても、三振であっても、世界が平和になりますように」と、救いの力を求めたものです。PL学園の教えは、「ヒットを打っても、ホームランを打っても、たまたまその場面に立っていただけ。振り返れば、その前のイニングでのバント失敗があったから、次のイニングで打線がつながった」というものです。

つまり、すべてはつながっていて、必ず誰かがカバーをしてくれる。だから、甲子園での勝負所でも、アミュレットに願いを込めていたのです。

仮に、守備でエラーをしたときには、アミュレットを握り締め、目をつむって、「このエラーによって、PLの野球が良くなり、うまくいきますように」と心の中で願います。PL教団という宗教が学校の母体であったからこそ、このような教えが浸透し、選手たちも信じてやっていました。ふつうの学校が同じことをやろうとしても、大きな意味は生まれないでしょう。

それでも、大阪桐蔭でもアミュレットに少しでも近い取り組みをできればと考えたのが、塩だったのです。

「おれたちはこれだけのことをやってきた」と信じる力

和田には「野球の神様は絶対におるから、今までの取り組みを見てくれている。『この1球を投げることによって、次の攻撃が絶対に良くなるように』と願いを込めるように」と伝えていました。

宗教的なことは別にして、何かを触ってみたり、一点を見つめたりすることで、心が落ち着くことがあります。3年生の夏の大会になれば、練習は存分に積んできているので、力を発揮するために求められるのは心の安定です。気持ちが高ぶりすぎずに、程よい緊張感を保つ方法を探す必要があります。

逆に言えば、夏の大会前に「おれたちはこれだけのことをやってきた」と思えなければ、勝つのは難しいでしょう。これもまた、PL学園の言葉になりますが、「献身《みささげ》」の考えがあります。ほかの高校生が経験していない苦しいことに立ち向かい、身をささげてきた。だから、日本一になれるんだ、と。

負ける怖さと隣り合わせであったからこそ、前向きに試合に臨むための〝心の持ちよう〟がとても大事になってくるのです。

思えば、初出場初優勝がかかった沖縄水産との決勝戦。球場でのバッティング練習が終わったあと、「先生、今日は勝てますかね？」と珍しく弱気の顔を覗かせる選手がいました。日本一が目の前に見えたことで、不安が宿ってきたのでしょう。

私は、沖縄水産のベンチを見るように指示しました。そこには、エースの大野倫投手が、水を入れたバケツの中でヒジを冷やす姿がありました。ここまで一人で投げ抜いてきた大野投手のヒジは限界に近づいていたのです。

「大野を見てみ。後半まで持たんと思うで。負けることはないやろう」

選手たちは自分たちの取り組みを信じ、最後まで戦い抜いてくれました。

日本一チームに進化するポイント

いざというときのために「信じられる何か」をつくっておく

34

注目される環境をつくり出せ

マスコミに話題を提供する

私はマスコミのみなさんに力を貸していただき、選手たちがあえて周りから注目される環境もつくっていました。

当時は、インターネットがまだ普及していない時代です。高校野球の情報といえば、新聞、雑誌、テレビしかありません。新興勢力の大阪桐蔭に注目してもらうには、マスコミの力が必要だったのです。

記者は常に見出しになるネタを探しているので、可能なかぎり、私のほうから提供するようにしていました。

たとえば、8月の甲子園期間中に誕生日を迎える選手がいれば、「あいつ、バースデーアーチを打ちますよ」と、マスコミの前で先に宣言しておくのです。

そのあと、本人にも話を聞いてもらえば、「バースデーアーチ宣言！」と見出しができあがります。実際にホームランを打ったらたいしたものですが、そうはうまくいきません。でも、記事に書いてもらうことで、観客のみなさんにも注目されるようになります。

監督やコーチから〝見られている〟のとは違い、〝自分が注目されている〟という感覚は高校生にとって嬉しいものです。特に当時の大阪桐蔭は、玉山や澤村を中心に目立ちたがり屋が多かったので、取材を受けることを喜んでいました。

一番おとなしくて、物静かだったのが、じつは主砲の萩原です。だからあえて、萩原には取材の場をたくさん設けて、記者に囲まれることに慣れさせるようにしました。いずれ、プロで戦う男だと思っていましたので。

スポーツ新聞の記者が好んで使う表現に、「〇〇二世」があります。当時であれば、大阪ですから、「掛布二世」「バース二世」でしょうか。

高校野球の指導者の中には、「安易にそういうことを書かないでくれ」と思っている人もいるようですが、私は大歓迎です。本人がそこを目指して頑張ろうと思いますし、何より、相手が勝手に警戒してくれるようになるからです。

注目選手には打たれたくないので、変化球主体の攻めになり、ボール先行カウントになればしめたもの。そこまで考えていました。

今の大阪桐蔭のような超強豪になれば、逆に書かれたくないことまで書かれることも出てくるかもしれません。また、インターネットにさまざまなニュースが流れ、好き勝手に報じられることもあります。このあたりのメディアコントロールは、部長の大きな仕事と言えるでしょう。

記事になるということは、必ず誰かの目に触れることになります。仮に、大阪桐蔭と対戦するチームが読んだときに、どんなことを思うか。さすがに高校生にそこまで求めることはありませんが、チームのトップにいる監督やコーチであれば、こうした視点を持っておくことも大切だと思います。

日本一チームに進化するポイント

情報戦を制すると戦いを有利に進められる

35

メンバーの創造性を奪ってはいけない

甲子園は心の強さと弱さが見える場所

甲子園で一つ勝つたびに、チームは成熟し、進化していきました。日本一に一歩一歩近づいている手応えが、指導者だけでなく選手にもあったはずです。

甲子園で戦ってみて感じたことは、「甲子園は高校生を大きく成長させてくれる舞台」だということです。

極端なたとえかもしれませんが、練習試合を100試合やったとしても、甲子園1試合分の経験に勝ることはありません。

バントを1球ファウルにするだけで、真ん中に投げ込まれたボールを見逃すだけで、スタンド全体から、「あ〜」というため息が漏れます。その声が精神的に未熟な高校生の肩に重くのしかかります。

観客がいないグラウンドでのファウルや見逃しとは、まったく違う感覚がそこにはあります。よく、「平常心でプレーしなさい」と言いますが、甲子園のグラウンドに立つと簡単にできるものではありません。

「甲子園は、高校生の強さとともに弱さが見える場所」

このようにも感じました。

誰もが緊張する場面で平然とプレーする井上のような選手もいれば、普段であればファーストストライクから振る場面で見逃してしまうなど、心の弱さが見える選手もいました。

だからといって、試合に負けるわけではなく、周りの選手がカバーできるのがチームスポーツの素晴らしいところと言えます。ミスが一つもない試合などめったになく、ミスがあったうえで、それをカバーし合うのが高校野球でもあるのです。

日本一を目指して戦っていたベンチで、仲間同士が声をかけ合っている場面を見ると、私は自然に表情が和らぎました。

監督や部長の指示だけで動いてきたのではなく、ある程度の自由と個性を認め、尊重してきたことが、会話の多さにつながったと思うと、嬉しくなっている自分がいたのです。

最後に大事なのは選手の感性

2023年夏の甲子園を見ながら、気になることがありました。

ある試合で、流し打ちがうまい左打者に対して、相手チームのサードが三塁線を大きく空けて、三遊間寄りに守っていたのです。

この守り方は最近のトレンドでもあり、三遊間のヒット性の当たりを防ぐ狙いがあったと思われます。このポジショニングそのものが悪いわけではなく、どうしてそのときにそのポジショニングだったのかということです。

というのは、この試合においては、左打者に三塁線を2度同じように破られ、二塁打を許していたからです。1度であれば、「守備位置が裏目に出た。仕方がない」と割り切れます。しかし、2度同じ抜かれた方をされたとなると、「考えを変えることも必要だったのでは?」と思うのです。

大胆なポジショニングの多くはベンチからの指示であり、試合前に、「このバッターはこの傾向があるから、ここを守るように」と決め事が設けられます。ただ、日本一を目指すなら、さらにワンランク上が求められます。

それは、試合中の軌道修正です。

ピッチャーが投げるストレートのキレ、バッターのスイング軌道やタイミングを見て、「データでは三遊間寄りが多い傾向が出ていたけど、おれが見た感じ、三塁線に強い打球が来そう」と気づけるかどうか。

三塁手だけでなく、バッテリーやショート、あるいはベンチにいる選手でも構いません。日頃の練習から、そういう会話ができているチームは、臨機応変に対応することができるはずです。

しかし、もっとも対応できるのはグラウンドに立つ選手です。

ベンチにいる監督や部長よりも、グラウンドで相手と対峙している選手のほうが、感じる情報量は絶対に多いでしょうし、その情報に敏感になる感性を持ち合わせていなければ戦えません。

その感性を磨くには、指導者が選手にさまざまな視点のヒントを投げかけてあげることです。

「あのスイングを見てどう思う？」

「初回のストレートの勢いなら差し込まれるけど、疲れてきた終盤であれば、ポジショニングを少し考えたほうがいいんやないか？」

そこに、絶対的な正解があるわけではありませんが、ヒントを与えることで感性が研ぎ澄まされていくことになります。

監督やコーチがどれだけ細かく指示を出したところで、グラウンドで決断して動くのは選手です。

その瞬間にどう判断し、どう動くのか。ベンチとしては、選手の感性や創造性に任せるしかありません。だからこそ、指導者が1から10まで教えるのではなく、彼ら自身が自分で考える余白を残しておくことが大切なのです。

日本一チームに進化するポイント

最後はグラウンドに立つ選手の感性や創造性を信じる

36

人生に必要なのは常にチャレンジャーであること

黄金時代をつくり上げた大阪桐蔭

大阪桐蔭が初出場初優勝を果たしたのは、1991年夏のことです。そこから勝ち続け、大阪桐蔭の野球部をさらに大きく、強くしていきたいと思っていました。しかし、諸事情で野球部を離れることになったのは、非常に無念であり、選手たちには申し訳ない気持ちでいっぱいです。仮に、あのまま部長として残っていたら、野球部はどうなっていたでしょうか。今でもふと、考えることがあります。

このあと、大阪桐蔭は激戦の大阪大会を勝ち抜けない年が続き、再び甲子園に戻ってくるのは2002年夏のことでした。

間違いなく言えるのは、「1度勝つことよりも、勝ち続けることのほうがはるかに難しい」ということです。2023年夏、甲子園連覇を狙っていた仙台育英の戦いを見てもわかるように、すべての学校が「打倒・仙台育英」で挑んできます。

そして、甲子園の観客やファンも、東北勢初優勝を期待し、心から祝福した前年とは違い、「仙台育英をどこが破るか。どこが止めるか」という視点で見るようになります。

日本人独特の「判官びいき」も、多少は関係していると思います。

そういった点で、有友部長、西谷監督が率いる大阪桐蔭は、コンスタントに頂点に立ち続けていて、尊敬の念を抱きます。2008年夏、2012年春夏、2014年夏、2017年春、2018年春夏、2022年春、甲子園を制しています。黄金期のPL学園を超えたかとなると、時代が違うだけに比べようがありませんが、それに近い結果を残しているのは事実と言えるでしょう。

勝ち続けることの難しさ

ただ、私が言うことではないかもしれませんが、今の大阪桐蔭であっても、少し隙は出てきているように思います。チーム全体から、「日本一にならなければならない」という苦しさを感じるのです。「あれだけ能力の高い選手を揃えているのだから、日本一になるのが当たり前」と見られている分、「勝ちたい！」という欲求ではなく、「負けてはいけない……」という重圧がかかっているように見えます。

高校生にとっては、かなり酷な状況であるのは間違いありません。大阪桐蔭に関しては、練習試合で負けたこともニュースとして取り上げられることがあります。これほど、勝って当たり前と思われている学校は、全国で大阪桐蔭ぐらいでしょう。

西谷監督は、『一球同心』という言葉をよく使われています。1球に対して、部員全員が同じ方向を向き、心を一つにする。じつは、長沢さんがよくおっしゃっていた言葉でもあります。能力が高い選手が多いからこそ、心を一つにして戦っていく。チームの輪を大切にする西谷監督に、よく似合う言葉だと感じます。

近年の大阪桐蔭や仙台育英の戦いぶりから感じるのは、チャレンジャー精神を持つことがどれだけ重要であり、そしてどれほど難しいことであるか。鶴岡さんが大事にされていたことの重要性を、今この年齢になっても感じます。

日本一を獲ったあとに、チャレンジャーになることは、周りが想像している以上に難しいことです。それは、自分たちだけの問題ではなく、周囲の見る目が変わることも大きく、勝って当たり前の感覚で見られてしまうからです。

競技には勝ち負けがあります。ずっと勝ち続けることなどありえません。目の前の勝利だけに縛られすぎてしまうと、選手一人ひとりの心の成長や創造性を育むこと、頑張りや努力を称えることが抜け落ちてしまう恐れもあります。

勝つこと以上に、負けることも大事。もしかしたら、負けから始まることのほうが、多いのかもしれません。

人生もまた、うまくいくことだけではありません。挫折や苦しみを味わった先に、次の道が拓けてくるものです。

野球も人生も、大事なことはチャレンジャー精神で向かい続けること。

迷ったとき、悩んだときこそ、この精神に戻ることが、自分自身やチームの進化につながっていくのだと思います。

日本一チームに進化するポイント

勝ちよりも、負けたその先に道は拓ける

エピローグ

今も昔も日本一に大事なことは変わらない

この本をちょうど執筆しているときに開催された、2023年夏の全国高等学校野球選手権大会。連覇を狙う仙台育英と107年ぶりの日本一を目指す慶應義塾との注目の一戦を、バックネット裏から見守っていた私は、試合の途中から仙台育英・須江航監督の一挙手一投足に目を奪われるようになっていました。

守備のときは、メガホンを手にして外野手に1球1球大きなジェスチャーで指示を送り、攻撃中は打席に入るバッターに声をかけ続けている。

大観衆が詰めかけた決勝戦です。ベンチから、グラウンドにいる選手に声が届くことなどほとんどありません。だからこそ、須江監督は、身振り手振りで指示を出し続けていたのです。

須江監督のふるまいから感じたのは、選手一人ひとりに対する愛情の深さです。指揮官の想いを伝え続け、監督も選手も一緒に戦っている。

2連覇の偉業こそなりませんでしたが、監督の愛情が選手に伝わっているからこそ、2年連続で夏の決勝の舞台に勝ち上がれたのだと思います。監督というよりも、〝教育者〟だと感じました。

時代が変わったとしても、指導者が心の奥底に持っておかなければいけないのは、選手への愛情です。愛情なくして、他者への思いやりの心を育て、強いチームをつくり上げることはできない。それを改めて実感した夏の甲子園でした。

時代がどのように変わっても絶対に変わらないのが、「1日は24時間」という、私たちに与えられている時間です。その24時間をいかに使うか。それによって人生は大きく変わります。愛情を持った指導者であれば、目の前の子どもたちの成長のために、24時間のほとんどを使い続けるはずです。それは「同じ空間で同じ時間を過ごす」という意味ではありません。「どうすれば、あいつはもっとうまくなるのか」と考え続けることこそ、愛情を注いでいる時間と言えるのです。

私は、目標を達成するためには、何らかの我慢や犠牲が必要だと思っています。自分の趣味などやりたいことを全部やったうえで、「野球でも日本一になろう」というのは難しいのではないか。それだけ、与えられた時間には限りがあり、「あれもこれも」はできないのです。特に高校生の場合は、入学から3年の夏の大会までは2年半。「高校3年間」とよく表現されますが、実質は900日ほどしかないのです。彼らと接する一日一日が大切な時間であり、無駄な時間などひとつもありません。

プロ野球選手になりたいという子どもたちにも同じようなことを伝えています。「本気でプロになりたいと思ったら、我慢しなければいけないこともあるよ。ゲームをやってはいけないとは言わないけど、ゲームに1時間も2時間も没頭するのであれば、ほかにやるべきことがあるのではないかな?」

ゲームに没頭することで、視力が落ちるかもしれません。脳が興奮状態になり、深い睡眠に入るまで時間を要するかもしれません。

何も、「24時間、野球の練習をしなさい」と言っているわけではありません。大事なことは、時間の使い方を考えることです。今の過ごし方が、本当に将来の自分のために役立っているのか。それを、自分で考え、実行に移せるようになれば、野球の力もおのずと上がっていくはずです。

2023年にMLBで日本人初のホームラン王を獲得した大谷翔平選手は、コンディションづくりをとても大事にしているアスリートとして知られています。「もし、1日1時間増えるのであれば、何をしたいか」というインタビューに対して、「睡眠」と答えています。寝ることが自らのコンディションを整え、ベストのパフォーマンスにつながることを知っているわけです。

このように一人ひとりが自立し、目標達成のために行動できる集団になれば、そのチームは間違いなく強くなります。自立を促すために、指導者は愛情を注ぎ、言葉をかけ、期待をかけ、ときには負荷をかけ、選手の心と体の成長をサポートしていく。令和の時代になっても、指導者が大切にすべき考えと言えるでしょう。

最後になりましたが、私の恩師であり、生きる道を切り拓いてくださった鶴岡さんに感謝の意を伝えたいと思います。

ＰＬ学園に入り、鶴岡さんに出会うことがなければ、今の私は絶対にいないと断言できます。大産大高時代にはコーチとして、１日のほとんどをともに過ごし、指導者、教育者としての生き方を教えていただきました。高校時代、そしてコーチ時代と、間近で学んだことは一字一句漏らさぬ気持ちで、『鶴岡ノート』に書き溜めてきました。今も自宅に大切に保管し、人生の宝物になっています。

鶴岡さんは、２０２０年8月11日、病気のために75歳で生涯を閉じました。

毎年、８月11日は甲子園で熱い戦いが繰り広げられていますが、その日が来るたびに、恩師の口癖でもあった「このヤロー、馬鹿たれが！」が耳に甦ってきます。教え子のひとりとして、野球に関わるかぎり、恩師の教えを伝え広めていくことが私の使命だと思っています。

木戸さんはじめ、ＰＬ学園の諸先輩方には今もお世話になっており、頭が上がりません。高校時代は厳しい上下関係がありましたが、だからこそ、そのつながりが深まり、高校を卒業してからもずっとお付き合いをさせてもらっています。

ここまで育ててくれた両親にも、この場を借りて、心からの感謝を伝えさせてください。野球の道に進むきっかけをつくってくれた親父は、自分の夢は語らず、ただ黙って、大好きな野球を応援してくれました。母親はしつけに厳しく、何かあると最初に謝ってくれました。それが、母親の愛だったように思っています。

今でも覚えているのが、私がＰＬ学園に入学する際、鶴岡さんに「命だけは残してやってください。あとはお任せします」と頭を下げたことです。のちに、鶴岡さんから、「そんな保護者は、お前のところが初めてやった」と言われました。

母親は、２０２３年2月に他界しましたが、お世話になっていた施設のタンスには、私のことが書かれた新聞記事が大切に保管されていました。

両親のたくさんの愛情があったからこそ、今の私がいます。

愛情無くして、人は育たない――。

指導者としての私の生き方に、大きな影響を与えてくれたのは間違いありません。

また、大阪桐蔭の優勝メンバーも、さまざまな場所で花を咲かせています。中学3年時、真っ先に声をかけにいった井上は、今は東洋大学の監督として活躍しています。監督になる前年（２０２２年）、井上と会ったときにこんな会話になりました。

「森岡先生、いくつになりましたか？」

「おれはもう還暦や」

「自分も、来年で50歳になります。中学生のときにぼくに言ったことを覚えていますか？『好きな野球をいくつになってもできるように、野球を教えてやる』。今、こうして野球に長く携わることができていて、本当に嬉しいです」

教え子が、30年以上も前の言葉を覚えてくれている。指導者冥利に尽きる、心が震える言葉でした。


私が、鶴岡さんやＰＬ学園の先輩方に生きる道を教えていただいたように、読者のみなさまにとって、本書が人生で悩んだときに少しでも役立つ一冊となれば幸いです。最後までお付き合いのほどありがとうございました。

さまざまな球場に足を運んでいますので、みなさまと野球の現場でお会いできることを楽しみにしています。

森岡正晃
２０２３年11月末日

著者紹介

森岡正晃（もりおか・まさあき）

Office AKI 晃 代表。PL学園高校出身。高校時代は野球部主将を務め、近畿大学に進学。大学では硬式野球部の学生コーチも務める。また、PL時代の恩師・鶴岡泰（のちに山本泰）氏の助言で、中学校・高等学校教諭一種免許を取得。大学卒業後は、教員となり、鶴岡氏が監督を務める大阪産業大学附属高校野球部でコーチとして高校野球に携る。大阪桐蔭高校では、野球部の初代部長に就任。自らリクルートした選手を一から育て、創部４年目で第63回選抜高等学校野球大会ベスト8、第73回全国高等学校野球選手権大会で全国制覇を果たした。その後は、履正社国際医療スポーツ専門学校野球部のGM兼監督、大阪学院大学野球部総監督などを歴任。現在は、行政や公的機関が主催するスポーツイベントのアドバイザーやベースボールアドバイザーとして小中高の学生に野球の指導を行う傍ら、教員生活35年以上の経験から保護司（法務省委嘱）として大阪府旭警察署にて青少年補導員を務めるなど社会貢献活動も行っている。

日本一《にほんいち》チームのつくり方《かた》

なぜ、大阪桐蔭《おおさかとういん》は創部《そうぶ》４年《ねん》で全国制覇《ぜんこくせいは》ができたのか？　〈検印省略〉

2024年　1　月　16　日　第　1　刷発行
2024年　3　月　19　日　第　2　刷発行

著　者――森岡 正晃（もりおか・まさあき）
発行者――田賀井 弘毅

発行所――株式会社あさ出版
〒171-0022　東京都豊島区南池袋 2-9-9 第一池袋ホワイトビル 6F
電　話　03 (3983) 3225（販売）
　　　　03 (3983) 3227（編集）
F A X　03 (3983) 3226
U R L　http://www.asa21.com/
E-mail　info@asa21.com
印刷・製本　(株)シナノ

note　http://note.com/asapublishing/
facebook　http://www.facebook.com/asapublishing
X　http://twitter.com/asapublishing

©Masaaki Morioka 2024 Printed in Japan
ISBN978-4-86667-656-2 C0095

本書を無断で複写複製（電子化を含む）することは、著作権法上の例外を除き、禁じられています。また、本書を代行業者等の第三者に依頼してスキャンやデジタル化することは、たとえ個人や家庭内の利用であっても一切認められていません。乱丁本・落丁本はお取替え致します。